3

武田信玄《たけだしんげん》

失敗《しっぱい》したら、言《い》い訳《わけ》をせずに、謝《あやま》る

4

服部金太郎《はっとりきんたろう》

信用《しんよう》には、大金《たいきん》や宝石《ほうせき》以上《いじょう》の力《ちから》がある

5

クラマー

焦《あせ》らずに、基本《きほん》を身《み》につける

マンガ 歴史人物に学ぶ 大人になるまでに身につけたい 大切な心 4

原作 木村 耕一　まんが 太田 寿

1万年堂出版

もくじ

マンガ 歴史《れきし》人物《じんぶつ》に学《まな》ぶ
大人《おとな》になるまでに身《み》につけたい大切《たいせつ》な心《こころ》④

第《だい》1話《わ》

自分《じぶん》は自分《じぶん》なりに、よいところを伸《の》ばしていこう

いじめられっ子《こ》だった坂本竜馬《さかもとりょうま》が、歴史《れきし》に残《のこ》る大仕事《おおしごと》をした

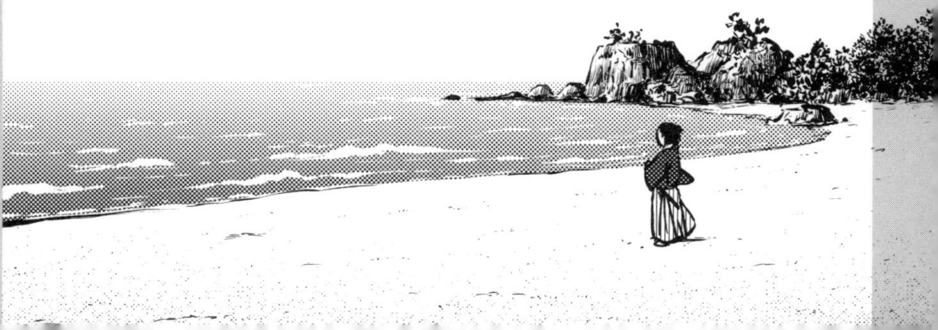

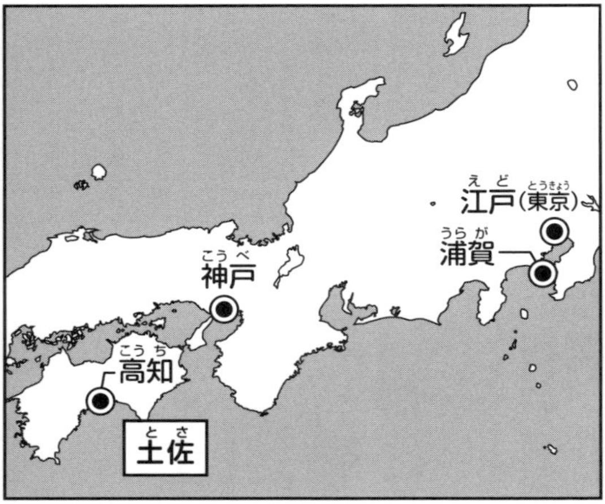

坂本竜馬《さかもとりょうま》

（1835年生-1867年没）

人物紹介《じんぶつしょうかい》

坂本 竜馬（さかもと りょうま）

坂本竜馬《さかもとりょうま》は、江戸時代《えどじだい》の終《お》わりに、土佐藩《とさはん》（現在《げんざい》の高《こう》知県《ちけん》）の武士《ぶし》の家《いえ》に生《う》まれました。

子供《こども》の頃《ころ》から、いじめられたり、寝小便《ねしょうべん》をしたりして、泣《な》いてばかりいました。学校《がっこう》の勉強《べんきょう》にもついていけず、親《おや》に心配《しんぱい》をかけることが多《おお》かったのです。

でも、それは、学校《がっこう》が竜馬《りょうま》に合《あ》わなかっただけです。大好《だいす》きな剣道《けんどう》に励《はげ》むと、めきめき力《ちから》をつけていきました。剣術《けんじゅつ》の腕前《うでまえ》では、誰《だれ》にも負《ま》けません。自信《じしん》がついてくると、海外《かいがい》の法律《ほうりつ》や政治《せいじ》の勉強《べんきょう》を、一人《ひとり》で始《はじ》めました。大《おお》海原《うなばら》に船《ふね》を出《だ》し、世界中《せかいじゅう》の国《くに》と貿易《ぼうえき》をしたいという夢《ゆめ》を抱《いだ》いて、船《ふね》を運航《うんこう》する勉強《べんきょう》にも熱心《ねっしん》に取《と》り組《く》んだのです。

竜馬《りょうま》が生《い》きた時代《じだい》は、政治《せいじ》が大混乱《だいこんらん》していました。国《こく》内《ない》で戦《たたか》いが多《おお》く発生《はっせい》しています。何《なん》とか、日本《にほん》を平和《へいわ》な国《くに》にしたいと、竜馬《りょうま》は、全力《ぜんりょく》で活動《かつどう》を始《はじ》めるのです。

江戸時代《えどじだい》の終《お》わり、
土佐藩《とさはん》に、
坂本竜馬《さかもとりょうま》という
青年《せいねん》がいました
「歴史上《れきしじょう》の人物《じんぶつ》で、誰《だれ》が好《す》きですか」と
アンケートを採《と》ると、いつもトップクラ
スに入《はい》るのが、坂本竜馬《さかもとりょうま》です。
竜馬《りょうま》の魅力《みりょく》は、どこにあるのでしょうか

竜馬《りょうま》は少年時代《しょうねんじだい》、
塾《じゅく》の勉強《べんきょう》について
いけませんでした
よく寝小便《ねしょうべん》をして、
泣《な》いてばかりいました

坂本《さかもと》の寝小便《ねしょうべん》たれ～
やーい、泣《な》き虫《むし》！
……
また勉強《べんきょう》できずにいじめられて泣《な》いて帰《かえ》ってきた
やれやれ……坂本家《さかもとけ》の恥《はじ》さらしじゃ……
塾《じゅく》も退学《たいがく》になってしまいました
父上《ちちうえ》、私《わたし》が竜馬《りょうま》に剣術《けんじゅつ》と学問《がくもん》を教《おし》えましょう
姉《あね》

エイ!
やあ!
そんな竜馬《りょうま》は、海《うみ》が好《す》きでした
ザザァ
浜辺《はまべ》に立《た》ち、打《う》ち寄《よ》せる白《しろ》い波《なみ》を見《み》つめていると、心《こころ》が癒《い》やされてくるのです
果《は》てしなく広《ひろ》がる青《あお》い海《うみ》に比《くら》べたら、人間《にんげん》なんて、小《ちい》さな存在《そんざい》にすぎない
狭《せま》い陸《りく》の上《うえ》で、差別《さべつ》され、傷《きず》つけられ、クヨクヨしていた悩《なや》みも、ちっぽけなことに思《おも》えてくる

モヤモヤを吹《ふ》き飛《と》ばすように、竜馬《りょうま》は、こんな歌《うた》を詠《よ》んでいます
世《よ》の中《なか》の人《ひと》は何《なん》とも云《い》わばいえ わがなすことはわれのみぞ知《し》る
世間《せけん》の流《なが》れに合《あ》わせて生《い》きれば、幸《しあわ》せになれるのか。他人《たにん》の言《い》うとおりにすれば、満足《まんぞく》な人生《じんせい》が送《おく》れるのか
とんでもない。自分《じぶん》のことは、自分《じぶん》で考《かんが》えて、突《つ》き進《すす》めばいいんだ
竜馬《りょうま》は剣術《けんじゅつ》が好《す》きでした。剣《けん》の練習《れんしゅう》に打《う》ち込《こ》んでいくと、めきめき上達《じょうたつ》していったのです

＊ペリー……一七九四年生～一八五八年没。アメリカの海軍軍人《かいぐんぐんじん》。
＊浦賀《うらが》……現在《げんざい》の神奈川県横須賀市《かながわけんよこすかし》の港町《みなとまち》。
＊鎖国《さこく》……当時《とうじ》、外国《がいこく》との貿易《ぼうえき》や交通《こうつう》を厳《きび》しく制限《せいげん》していた。

ペリーは開国《かいこく》を迫《せま》りました。「アメリカと貿易《ぼうえき》をしてほしい」「外国人《がいこくじん》が日本《にほん》へ入《はい》ることを許《ゆる》してほしい」と要求《ようきゅう》してきたのです
軍艦《ぐんかん》には大砲《たいほう》が積《つ》んであるし……。言《い》うとおりにするしかなかろう
これに激怒《げきど》する風潮《ふうちょう》が一気《いっき》に高《たか》まりました
外国人《がいこくじん》が踏《ふ》み入《い》ると、日本《にほん》が穢《けが》れる
そうだ、戦《いくさ》だ！
外国人《がいこくじん》を追《お》い払《はら》え！
こんなことを叫《さけ》ぶ人《ひと》が多《おお》くなったのです
竜馬《りょうま》は、外国《がいこく》の文化《ぶんか》が進《すす》んでいること、アメリカの大統領《だいとうりょう》にもりっぱな人《ひと》がいたことを知《し》っていました
アメリカ人《じん》も、イギリス人《じん》も、日本人《にほんじん》も、同《おな》じ人間《にんげん》ではないか……

そんなある日《ひ》――
おい、勝海舟《かつかいしゅう》*を斬《き》ろう
海舟《かいしゅう》を？なぜじゃ？
勝《かつ》は開国《かいこく》を主張《しゅちょう》し、外国人《がいこくじん》とつきあえと言《い》っている。許《ゆる》せない
まず、勝《かつ》を倒《たお》す！
確《たし》かに、勝海舟《かつかいしゅう》の悪《わる》いうわさはどんどん耳《みみ》に入《はい》ってくる
だが、うのみにしていいのか？
俺《おれ》は勝海舟《かつかいしゅう》の顔《かお》さえ知《し》らないのだぞ？
……分《わ》かった

*勝海舟《かつかいしゅう》……一八二三年生～一八九九年没。幕府《ばくふ》の高官《こうかん》だった。

しかし、待《ま》ち伏《ぶ》せして斬《き》るのではなく、堂々《どうどう》と勝《かつ》の屋敷《やしき》へ行《い》って話《はなし》を聞《き》いてからにしよう
うわさを聞《き》いただけで、相手《あいて》を悪《わる》く言《い》ってはいけない。
男《おとこ》というのは、そうあるべきものだ
よかろう
意気込《いきご》んで出掛《でか》けたが、意外《いがい》にも勝《かつ》は、少《すこ》しも警戒《けいかい》せずに二人《ふたり》を屋敷《やしき》へ入《い》れてくれました
俺《おれ》を斬《き》りに来《き》たんだろう
おまえさんらの顔《かお》に書《か》いてあるよ
!!
まあ、俺《おれ》の話《はなし》を聞《き》け

俺《おれ》は咸臨丸《かんりんまる》の艦長《かんちょう》としてアメリカへ渡《わた》り、外国《がいこく》の実力《じつりょく》を、この目《め》で見《み》てきたんだ
これを見《み》ろ、この小《ちい》さな国《くに》が日本《にほん》じゃ
JAPAN
……
今《いま》、この国《くに》が、どれほど危険《きけん》な位置《いち》にあるのか、知《し》っておるのか
欧米列強《おうべいれっきょう》*は、軍事力《ぐんじりょく》を背景《はいけい》に、アジアへ進出《しんしゅつ》しようとしている
巨大《きょだい》な清国《しんこく》*でさえ、アヘン戦争《せんそう》でイギリスに敗《やぶ》れ、香港《ホンコン》を奪《うば》われ、上海《シャンハイ》など五港《ごこう》を開港《かいこう》させられた
次《つぎ》に狙《ねら》われるのは日本《にほん》だ
北《きた》からも、しきりとロシアの軍艦《ぐんかん》が出没《しゅつぼつ》しているぞ

＊欧米列強《おうべいれっきょう》……アメリカやヨーロッパの強国《きょうこく》のこと。
＊清国《しんこく》……中国《ちゅうごく》の王朝《おうちょう》。一六四四年～一九一二年。

おまえさんらのように、刀《かたな》を振《ふ》り回《まわ》しているだけでは、日本《にほん》は外国《がいこく》の連中《れんちゅう》の好《す》きなようにされてしまうよ
！
竜馬《りょうま》は、計《はか》り知《し》れない衝撃《しょうげき》を受《う》けました。動《うご》かし難《がた》い事実《じじつ》なのです
いいか、俺《おれ》は、国土防衛策《こくどぼうえいさく》を幕府《ばくふ》に提出《ていしゅつ》した
日本列島《にほんれっとう》を六《むっ》つの海区《かいく》に分《わ》け、総計《そうけい》二百七十隻《にひゃくななじっせき》の蒸気軍艦《じょうきぐんかん》を配置《はいち》する。
壮大《そうだい》な計画《けいかく》だ

しかし幕府《ばくふ》は、金《かね》がないと言《い》って却下《きゃっか》した
金《かね》がないのは分《わ》かっている。
だから、まず開国《かいこく》し、貿易《ぼうえき》を盛《さか》んに行《おこな》って海軍建設《かいぐんけんせつ》の資金《しきん》を作《つく》ろうと主張《しゅちょう》しているのだ
だが、すでに屋台骨《やたいぼね》にひびの入《はい》っている徳川幕府《とくがわばくふ》には、実行《じっこう》する力《ちから》はない……
やらねば、日本《にほん》は滅《ほろ》びる
勝《かつ》は、やるせない気持《きも》ちで、つぶやくしかなかったのです
聞《き》きほれていた竜馬《りょうま》の頭《あたま》には、全《まった》く別《べつ》な考《かんが》えが浮《う》かんでいました
こいつは面白《おもしろ》い……

……それならば、実行《じっこう》できない徳川幕府《とくがわばくふ》の代《か》わりに、新《あたら》しい国《くに》を作《つく》ればいいじゃないか
武士《ぶし》だけが政治《せいじ》を行《おこな》うのではなく、農民《のうみん》でも、町民《ちょうみん》でも、能力《のうりょく》のある者《もの》なら誰《だれ》でも重要《じゅうよう》な役目《やくめ》を果《は》たせる新《あたら》しい国《くに》をな！
勝先生《かつせんせい》、どうか私《わたし》を弟子《でし》にしてください！
お、おい竜馬《りょうま》！
この日《ひ》、竜馬《りょうま》は、勝海舟《かつかいしゅう》の弟子《でし》になったのです。二十八歳《にじゅうはっさい》の時《とき》でした
周《まわ》りの人《ひと》が、どれだけ悪口《わるくち》を言《い》っている相手《あいて》であっても、決《けっ》して同調《どうちょう》しなかったところが、竜馬《りょうま》の偉《えら》いところです

日本第一《にほんだいいち》の人物《じんぶつ》・勝先生《かっせんせい》の弟子《でし》となり、日々《ひび》、目的《もくてき》に向《む》かって精一杯《せいいっぱい》やっております。国《くに》のため、天下《てんか》のために、力《ちから》を尽《つ》くしております
故郷《こきょう》の姉《あね》へ送《おく》った手紙《てがみ》の中《なか》には、あふれる喜《よろこ》びが記《しる》されています
尊敬《そんけい》できる先生《せんせい》に出会《であ》ったことが、竜馬《りょうま》を大《おお》きく成長《せいちょう》させました
勝海舟《かつかいしゅう》は、神戸《こうべ》に、海軍《かいぐん》の訓練所《くんれんじょ》（学校《がっこう》）を設立《せつりつ》しました。その塾頭《じゅくとう》（校長《こうちょう》）に、坂本竜馬《さかもとりょうま》が選《えら》ばれ、ますます活躍《かつやく》の場《ば》が広《ひろ》がっていきます
子供《こども》の時《とき》に、泣《な》き虫《むし》で、塾《じゅく》の勉強《べんきょう》にもついていけなかった竜馬《りょうま》が、日本《にほん》の政治《せいじ》を左右《さゆう》するほどの人物《じんぶつ》になっていくのです

竜馬《りょうま》は、殺《ころ》し合《あ》うほど
憎《にく》み合《あ》っていた長州藩《ちょうしゅうはん》*と薩摩藩《さつまはん》*を
仲直《なかなお》りさせました（薩長連合《さっちょうれんごう》）
徳川幕府《とくがわばくふ》と、薩摩《さつま》・長州《ちょうしゅう》の連合軍《れんごうぐん》が、
戦争《せんそう》に突入《とつにゅう》する直前《ちょくぜん》に、
戦《たたか》いをやめさせました（大政奉還《たいせいほうかん》）
日本《にほん》の歴史《れきし》の教科書《きょうかしょ》に出《で》てくるような
大《おお》きな仕事《しごと》を、いくつもやり遂《と》げて、
竜馬《りょうま》は、三十三歳《さんじゅうさんさい》の若《わか》さで、
この世《よ》を去《さ》っていきました

＊長州藩《ちょうしゅうはん》……長門国《ながとのくに》（現在《げんざい》の山口県《やまぐちけん》）に置《お》かれていた藩《はん》。
＊薩摩藩《さつまはん》……薩摩国《さつまのくに》（現在《げんざい》の鹿児島県《かごしまけん》）に置《お》かれていた藩《はん》。

竜馬《りょうま》は、戦争《せんそう》で人間同士《にんげんどうし》が殺《ころ》し合《あ》うことを、
なんとしても止《と》めたかったのです。
そして、日本人《にほんじん》が、幸《しあわ》せに暮《く》らせる
新《あたら》しい国《くに》を作《つく》りたかったのです
どんな困難《こんなん》にぶつかっても、
「世《よ》の中《なか》の人《ひと》は何《なん》とも云《い》わばいえ
わがなすことは　われのみぞ知《し》る」の
精神《せいしん》で生《い》き抜《ぬ》く竜馬《りょうま》の姿《すがた》は、多《おお》くの人《ひと》に
感動《かんどう》と、生《い》きる勇気《ゆうき》を与《あた》えているのです

大切《たいせつ》な心《こころ》

他人《たにん》と同《おな》じことができなくてもいい。自分《じぶん》は自分《じぶん》の生《い》き方《かた》を大切《たいせつ》にしよう

歴史上《れきしじょう》の人物《じんぶつ》で、大《おお》きな仕事《しごと》をした人《ひと》を、「偉《い》人《じん》」とか「英雄《えいゆう》」と呼《よ》びます。坂本竜馬《さかもとりょうま》も「英《えい》雄《ゆう》」の一人《ひとり》です。テレビや映画《えいが》の時代劇《じだいげき》では、かっこいい男《おとこ》として登場《とうじょう》します。

そんな竜馬《りょうま》は、子供《こども》の時《とき》は、勉強《べんきょう》についていけず、友達《ともだち》からいじめられ、泣《な》いてばかりいたそうです。

でも、そこでくじけなかったのが、竜馬《りょうま》の偉《えら》いところですね。「友達《ともだち》は友達《ともだち》、自分《じぶん》は自分《じぶん》でいいんだ」と思《おも》って、自分《じぶん》の好《す》きなことに打《う》ち込《こ》んでいきました。

他人《たにん》と同《おな》じことができなければ、「ダメな人間《にんげん》だ」とか「ここにいてはいけない」とか「生《い》きている意味《いみ》がない」ということは、絶対《ぜったい》にありません。自分《じぶん》は自分《じぶん》が信《しん》じる道《みち》を、まっすぐに生《い》きていけばいいのです。

竜馬《りょうま》は、大人《おとな》になってからも、周《まわ》り中《じゅう》の人《ひと》が「外国人《がいこくじん》を追《お》い払《はら》え」と騒《さわ》いでも、自分《じぶん》で納得《なっとく》できないことには同調《どうちょう》しませんでした。

友人《ゆうじん》が「勝海舟《かつかいしゅう》を斬《き》ろう」と言《い》っても、本当《ほんとう》に悪《わる》い人《ひと》なのか、どうかを自分《じぶん》で確《たし》かめるまでは、非難《ひなん》してはいけないと思《おも》っていました。

子供《こども》の時《とき》に、いじめられて、つらい思《おも》いをした竜馬《りょうま》だからこそ、「他人《たにん》を苦《くる》しめてはいけない」という温《あたた》かい心《こころ》がわいてきたのだと思《おも》います。

ものしりアルバム

勝海舟《かつかいしゅう》

江戸時代末期《えどじだいまっき》から明治時代《めいじじだい》にかけて活躍《かつやく》した勝海舟《かつかいしゅう》は、咸臨丸《かんりんまる》でアメリカへ渡《わた》り、日本《にほん》と外国《がいこく》の文化《ぶんか》との大《おお》きな違《ちが》いに衝撃《しょうげき》を受《う》けました。　（共同通信社/アマナイメージズ）

坂本竜馬《さかもとりょうま》

（アマナイメージズ）

神戸海軍操練所跡《こうべかいぐんそうれんじょあと》

神戸海軍操練所《こうべかいぐんそうれんじょ》は、元治《げんじ》元年《がんねん》（1864）に勝海舟《かつかいしゅう》により設立《せつりつ》されました。坂本竜馬《さかもとりょうま》はこの塾頭《じゅくとう》になり、操船術《そうせんじゅつ》を学《まな》びました。

第《だい》2話《わ》

困《こま》っている人《ひと》には、優《やさ》しい手《て》を差《さ》し伸《の》べよう

トルコの難破船《なんぱせん》エルトゥールル号《ごう》と、大島《おおしま》の人たちの深《ふか》い絆《きずな》

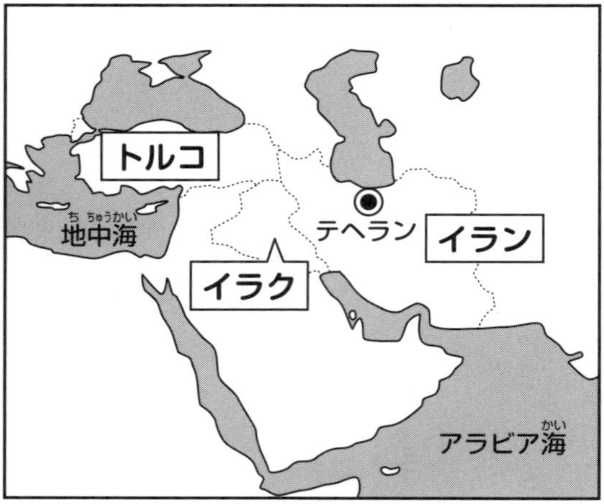

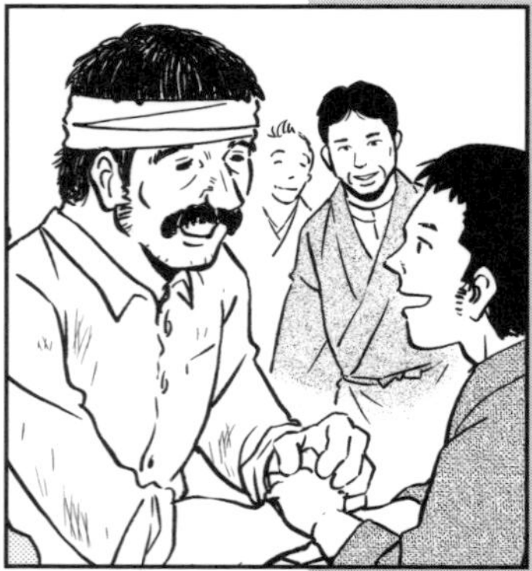

エルトゥールル号《ごう》の遭難《そうなん》

明治《めいじ》二十三年《にじゅうさんねん》（一八九〇）のことです。ヨーロッパと西《にし》アジアの境《さかい》に位置《いち》する国《くに》、トルコから、一隻《いっせき》の木造船《もくぞうせん》エルトゥールル号《ごう》が、はるばると、日本《にほん》へやってきました。友好関係《ゆうこうかんけい》を結《むす》ぶための使節団《しせつだん》でした。ところが、帰国《きこく》の途中《とちゅう》で、台風《たいふう》に襲《おそ》われたのです。和《わ》歌山県串本町《かやまけんくしもとちょう》の大島《おおしま》の付近《ふきん》で、エルトゥールル号《ごう》は、強《きょう》風《ふう》によって岩礁《がんしょう》に激突《げきとつ》。船《ふね》は爆発《ばくはつ》を起《お》こして沈没《ちんぼつ》してしまいました。約六百人《やくろっぴゃくにん》の乗組員《のりくみいん》は、冷《つめ》たい夜《よる》の海《うみ》へ投《な》げ出《だ》されたのです。

事故《じこ》を知《し》った大島《おおしま》の人《ひと》たちは、猛烈《もうれつ》な風《かぜ》と波《なみ》が襲《おそ》う中《なか》、危険《きけん》な海岸《かいがん》に出《で》て、生存者《せいぞんしゃ》を必死《ひっし》に救助《きゅうじょ》しました。その温《あたた》かい行動《こうどう》は、トルコの新聞《しんぶん》にも大《おお》きく報道《ほうどう》され、長《なが》く人々《ひとびと》の記憶《きおく》に残《のこ》るようになったのです。

日本《にほん》とトルコの間《あいだ》には、温《あたた》かい交流《こうりゅう》のドラマがあります
ザザザァ
明治《めいじ》二十三年《にじゅうさんねん》（一八九〇）九月十六日《くがつじゅうろくにち》、トルコのエルトゥールル号《ごう》が、横浜港《よこはまこう》から母国《ぼこく》トルコへ向《む》かっていました
ドオオオ
ところが、紀伊半島南端《きいはんとうなんたん》の大島付近《おおしまふきん》で台風《たいふう》に遭遇《そうぐう》したのです
大阪《おおさか》
紀伊半島《きいはんとう》
大島《おおしま》

舵《かじ》がきかない！
航行不能《こうこうふのう》！
ガガガ
座礁《ざしょう》したぞ！
ドオオン
午後《ごご》八時《はちじ》半頃《はんごろ》に、樫野崎《かしのざき》近海《きんかい》の岩礁《がんしょう》に激突《げきとつ》。船《ふね》は爆発《ばくはつ》を起《お》こして沈没《ちんぼつ》してしまいました
乗組員《のりくみいん》約《やく》六百名《ろっぴゃくめい》は、荒《あ》れ狂《くる》う暴風雨《ぼうふうう》の中《なか》、真《ま》っ暗《くら》な海《うみ》へ投《な》げ出《だ》されてしまいました

樫《かし》野《の》埼《ざき》灯台《とうだい》
何《なに》か変《へん》な音《おと》がしなかったか？
ドンドン
ん？
こんな暴風雨《ぼうふうう》の夜《よる》に、誰《だれ》だ？
あっ!!
そこには、服《ふく》が破《やぶ》れ、裸同然《はだかどうぜん》の外国人《がいこくじん》が、血《ち》だらけになって立《た》っていました
ビュウウウウ
だ、大丈夫《だいじょうぶ》か！
早《はや》く、早《はや》く中《なか》に入《はい》れ！
外国船《がいこくせん》が近《ちか》くで難破《なんば》したんだ！

この灯台《とうだい》を目指《めざ》して断崖《だんがい》を登《のぼ》ってきたのだろう……
とにかく、人命救助《じんめいきゅうじょ》だ！
全部《ぜんぶ》で九人《きゅうにん》もいるぞ
ええい、手当《てあ》てするにも、物《もの》が足《た》らん！
村《むら》へ助《たす》けを求《もと》めに行《い》ってくれ！
はいっ！
それにしても、言葉《ことば》が全《まった》く通《つう》じない……
どこの国《くに》の人《ひと》だろう。この中《なか》に、自分《じぶん》の国旗《こっき》がありますか？
土耳其
トルコか⁉

村《むら》にも、不気味《ぶきみ》な爆発音《ばくはつおん》が聞《き》こえていました
ゴォォォ
さっきの音《おと》は一体何《いったいなん》だったのか……
灯台《とうだい》に知《し》らせたほうがよかろう
ん？
あっ！人《ひと》が倒《たお》れているぞ!!
すぐに村中《むらじゅう》に非常事態《ひじょうじたい》が告《つ》げられました
カンカンカン
みんな起《お》きろや！
男《おとこ》たちは総出《そうで》で海岸《かいがん》へ救助《きゅうじょ》に向《む》かえ!!

おおい、こっちだ！
生《い》きてるぞ！
生存者《せいぞんしゃ》があっても、この冷《つめ》たい雨《あめ》にさらされたままでは命《いのち》が危《あぶ》ないのです。必死《ひっし》の救助《きゅうじょ》が続《つづ》きました
小学校《しょうがっこう》と、寺《てら》へ運《はこ》べ！
村《むら》の小《ちい》さな小学校《しょうがっこう》は、たちまち負傷者《ふしょうしゃ》で埋《う》め尽《つ》くされました
海水《かいすい》で体温《たいおん》を奪《うば》われ、手足《てあし》は氷《こおり》のように冷《ひ》え切《き》っている……
意識《いしき》ももうろうとしているぞ

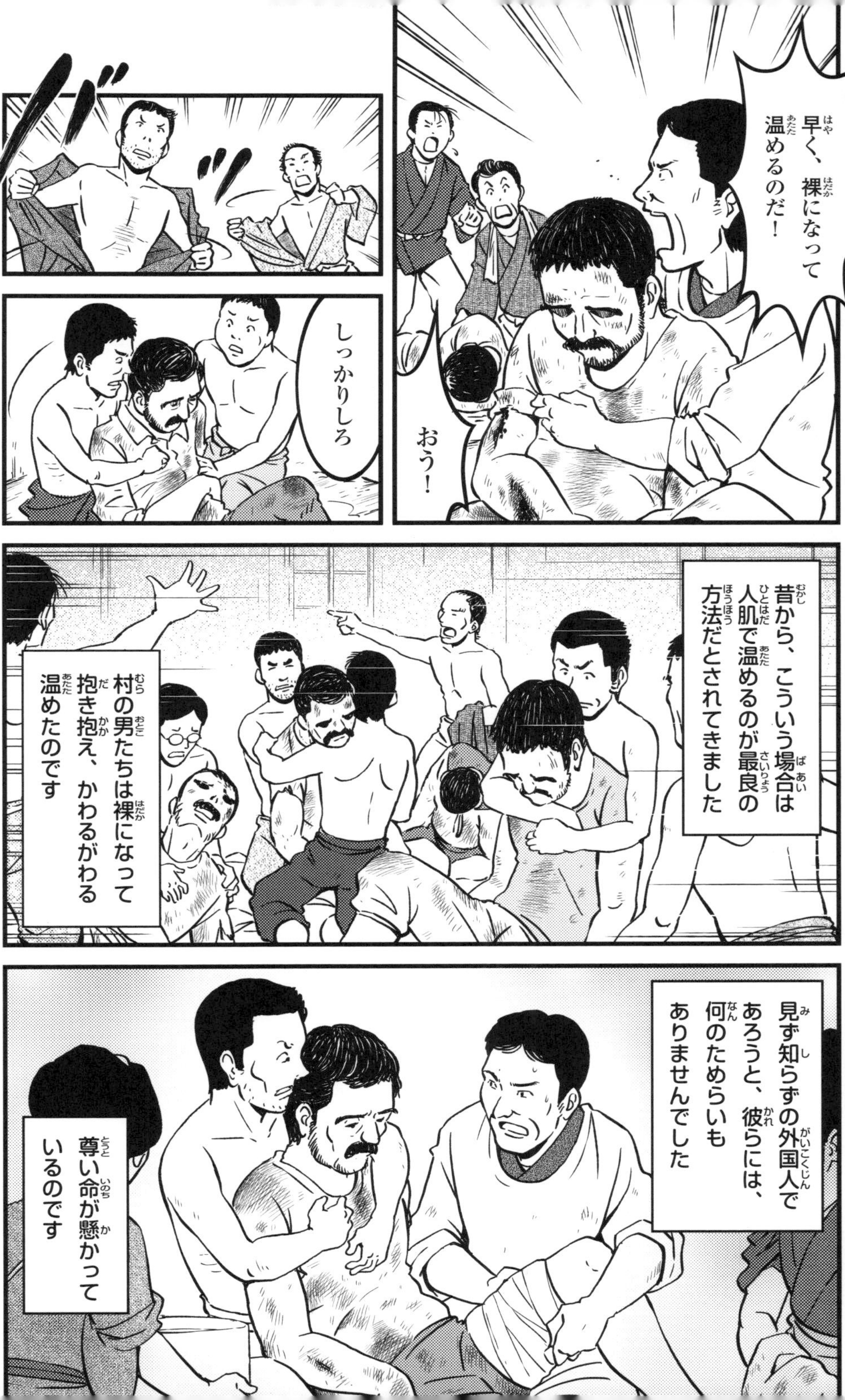
早《はや》く、裸《はだか》になって温《あたた》めるのだ！
おう！
しっかりしろ
昔《むかし》から、こういう場合《ばあい》は人肌《ひとはだ》で温《あたた》めるのが最良《さいりょう》の方法《ほうほう》だとされてきました
村《むら》の男《おとこ》たちは裸《はだか》になって抱《だ》き抱《かか》え、かわるがわる温《あたた》めたのです
見《み》ず知《し》らずの外国人《がいこくじん》であろうと、彼《かれ》らには、何《なん》のためらいもありませんでした
尊《とうと》い命《いのち》が懸《か》かっているのです

そのかいあって、救助《きゅうじょ》した六十九人全員《ろくじゅうきゅうにんぜんいん》が命《いのち》を取《と》り留《と》めたのです
大島《おおしま》は離島《りとう》であり、約四百戸《やくよんひゃっこ》の貧《まず》しい小《ちい》さな村《むら》です
こんな大勢《おおぜい》の負傷者《ふしょうしゃ》を手当《てあ》てするのですから、医薬品《いやくひん》も、食糧《しょくりょう》も、すぐに足《た》りなくなりました
そんな中《なか》、村《むら》の医師《いし》たちは不眠不休《ふみんふきゅう》で治療《ちりょう》に当《あ》たったのです
畑《はたけ》のサツマイモを全部《ぜんぶ》掘《ほ》ってきたぞ
非常用《ひじょうよう》に蓄《たくわ》えておいた食糧《しょくりょう》を持《も》ってきました

村人《むらびと》は、普段《ふだん》は口《くち》にできない米《こめ》や、ニワトリまで、全《すべ》て持《も》ち寄《よ》って一日《いちにち》も早《はや》い快復《かいふく》を願《ねが》ったのです
事故発生《じこはっせい》から四日《よっか》、ようやく大島《おおしま》へ救助船《きゅうじょせん》が到着《とうちゃく》
ボーーッ
負傷者《ふしょうしゃ》は神戸《こうべ》の病院《びょういん》へ運《はこ》ばれ、傷《きず》が癒《い》えてからトルコへ送《おく》り届《とど》けられることになりました

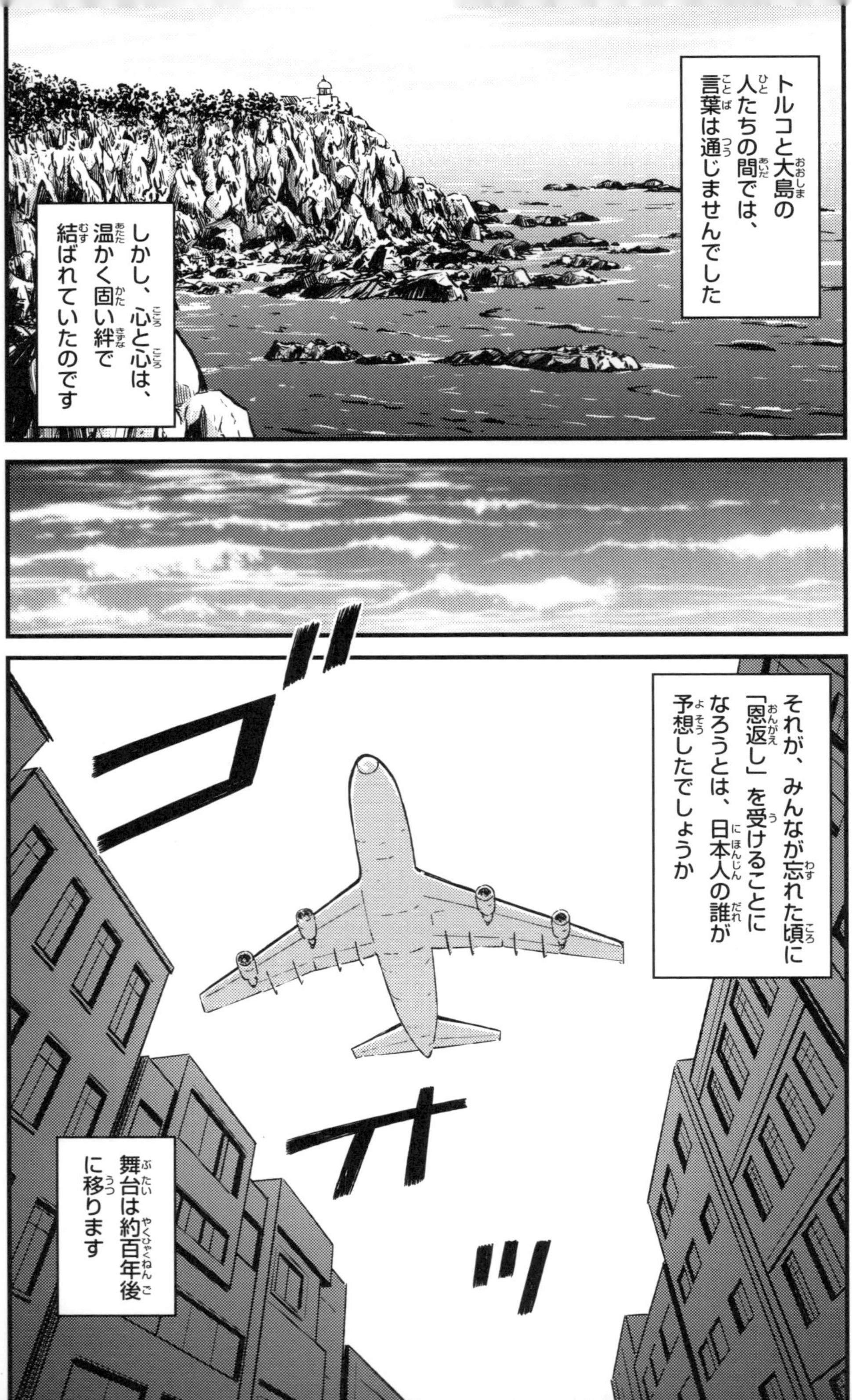
トルコと大島《おおしま》の
人《ひと》たちの間《あいだ》では、
言葉《ことば》は通《つう》じませんでした
しかし、心《こころ》と心《こころ》は、
温《あたた》かく固《かた》い絆《きずな》で
結《むす》ばれていたのです
ゴオッ
それが、みんなが忘《わす》れた頃《ころ》に
「恩返《おんがえ》し」を受《う》けることに
なろうとは、日本人《にほんじん》の誰《だれ》が
予想《よそう》したでしょうか
舞台《ぶたい》は約百年後《やくひゃくねんご》
に移《うつ》ります

＊イラン・イラク戦争……イラクがイランへ侵攻したことにより開戦。一九八八年まで続いた。

国外《こくがい》へ脱出《だっしゅつ》したほうがいいかもしれないな
一九八五年《ねん》三月《さんがつ》十七日《じゅうしちにち》
緊急《きんきゅう》ニュースです
イラク大統領《だいとうりょう》サダム・フセイン＊がイラン上空《じょうくう》を飛行《ひこう》する全《すべ》ての航空機《こうくうき》を、四十八時間後《よんじゅうはちじかんご》から攻撃《こうげき》すると宣告《せんこく》しました
何《なん》だって！民間《みんかん》の航空機《こうくうき》も攻撃《こうげき》するつもりか！
そんな急《きゅう》な！
日本人《にほんじん》を救《すく》わなければ！
この時《とき》、イランの首都《しゅと》・テヘランには、日本人《にほんじん》が約五百人《やくごひゃくにん》も滞在《たいざい》していました。皆《みな》、命《いのち》の危機《きき》を感《かん》じたのです

＊サダム・フセイン……一九三七年生〜二〇〇六年没。

このままイランに残《のこ》っていると戦闘《せんとう》に巻《ま》き込《こ》まれてしまう
一刻《いっこく》も早《はや》く国外《こくがい》へ脱出《だっしゅつ》しなければ！
かといって、あと二日《ふつか》
指定《してい》された時間内《じかんない》に乗《の》れる飛行機《ひこうき》が、どれだけあるというのか
ザッ
とにかく空港《くうこう》へ急《いそ》げ！
テヘラン・メヘラバード空港《くうこう》
ゴオオオ
お願《ねが》いだ、日本人《にほんじん》も乗《の》せてくれないか
ザワザワ
どの航空会社《こうくうがいしゃ》も、まず、自分《じぶん》の国《くに》の人《ひと》たちを優先《ゆうせん》して、脱出《だっしゅつ》させようとしていました。イランに、日本《にほん》の飛行機《ひこうき》はなかったのです

R FRANCE
日本人《にほんじん》に渡《わた》せる席《せき》は、ありません
次《つぎ》の便《びん》は満席《まんせき》ですね
だめか……
何《なん》だ、日本《にほん》の航空会社《こうくうがいしゃ》はイランへ運行《うんこう》していないのか？
そうなんです
だから空席《くうせき》が出《で》たらぜひ日本人《にほんじん》を乗《の》せてください！
お願《ねが》いします
お願《ねが》いします！
Austrian
Iran Air
どの国《くに》も緊急事態《きんきゅうじたい》で慌《あわ》てています。日本人《にほんじん》を優先《ゆうせん》して乗《の》せてくれる航空機《こうくうき》は一機《いっき》もありませんでした
LUFTHANSA

空港《くうこう》に詰《つ》めかけた日本人《にほんじん》のうち、外国《がいこく》の飛行機《ひこうき》に乗《の》せてもらえたのは約半数《やくはんすう》でした
あと一日《いちにち》しかない……
日本政府《にほんせいふ》に訴《うった》えて、飛行機《ひこうき》を飛《と》ばしてもらおう！
だが、ついに日本《にほん》からは、飛行機《ひこうき》が来《き》ませんでした
日本政府《にほんせいふ》でさえ、戦争《せんそう》が起《お》きている危険《きけん》な場所《ばしょ》へ飛行機《ひこうき》を飛《と》ばす決断《けつだん》ができなかったのです。そのため、日本人《にほんじん》二《に》百数十名《ひゃくすうじゅうめい》が、置《お》き去《ざ》りにされたのでした

その時《とき》です――
ダダッ
トルコが、残《のこ》された日本人《にほんじん》を救《すく》うために飛行機《ひこうき》を出してくれます！
なに、本当《ほんとう》か!?
やった!!
ワァァ
時間《じかん》ギリギリだな、ありがたい！
トルコ航空機《こうくうき》が危険《きけん》を冒《おか》してイランへ乗《の》り入《い》れ、空港《くうこう》で途方《とほう》に暮《く》れていた日本人全員《にほんじんぜんいん》を救助《きゅうじょ》したのです
キィィ
トルコから飛行機《ひこうき》が来《き》ました!!

THY TÜRK HAVA
まさに間一髪《かんいっぱつ》でした
なぜ、危険《きけん》な場所《ばしょ》へ、トルコの飛行機《ひこうき》が助《たす》けに来《き》てくれたのでしょうか。その理由《りゆう》は、約百年前《やくひゃくねんまえ》の「エルトゥールル号《ごう》の遭難《そうなん》」にあったのです

トルコの人《ひと》たちは、日本人《にほんじん》から受《う》けた温《あたた》かい心遣《こころづか》いを忘《わす》れることができなかったのです
トルコの歴史《れきし》の教科書《きょうかしょ》にも掲載《けいさい》され、知《し》らない人《ひと》がないほど重要《じゅうよう》な出来事《できごと》として、語《かた》り継《つ》がれてきたのです

多《おお》くの日本人《にほんじん》が、戦場《せんじょう》で命《いのち》の危険《きけん》にさらされていることを知《し》ったトルコの人《ひと》たちは、「今《いま》こそ、恩返《おんがえ》しをしよう」と、助《たす》けに来《き》てくれたのでした
ゴオォォ

たとえ言葉《ことば》は通《つう》じなくても、
温《あたた》かい心《こころ》、優《やさ》しい心《こころ》は、相手《あいて》に
大《おお》きな感動《かんどう》を与《あた》えるのです
そして、それは
百年《ひゃくねん》の時《とき》を超《こ》えても
消《き》えることはなかったのでした

お互《たが》いに、相手《あいて》を思《おも》いやり、
命《いのち》を大切《たいせつ》にすることができたならば、
どんなに住《す》みやすい世《よ》の中《なか》に
なるでしょうか

大《たい》切《せつ》な心《こころ》

勇気《ゆうき》を出《だ》して、どんな人《ひと》にも親切《しんせつ》を

困《こま》っている人《ひと》を見《み》たら、どうしますか。

家族《かぞく》や友達《ともだち》ならば、すぐに駆《か》け寄《よ》って助《たす》けるでしょう。顔《かお》も、名前《なまえ》も知《し》らない人《ひと》だったら、同《おな》じように親切《しんせつ》にできますか。ちょっと勇気《ゆうき》がいりますね。でも、思《おも》い切《き》って、優《やさ》しい声《こえ》をかけると、相手《あいて》の人《ひと》は、とても喜《よろこ》ばれると思《おも》います。

まして、外国《がいこく》の人《ひと》が困《こま》っている時《とき》、自分《じぶん》から声《こえ》をかけることができますか。これは、かなり勇気《ゆうき》がいりますね。

トルコのエルトゥールル号《ごう》が遭難《そうなん》したのは、明治時代《めいじじだい》です。大島《おおしま》の人《ひと》たちは、初《はじ》めて外国人《がいこくじん》を見《み》た人《ひと》ばかりだったでしょう。でも、差別《さべつ》することなく、一生懸命《いっしょうけんめい》に救助活動《きゅうじょかつどう》をしました。自《じ》分《ぶん》たちの食料《しょくりょう》さえじゅうぶんにないのに、全《すべ》てを持《も》ち寄《よ》って、「早《はや》く、元気《げんき》になってください」と励《はげ》ましたのです。言葉《ことば》は通《つう》じなくても、大島《おおしま》の人《ひと》たちの温《あたた》かい心《こころ》は、生涯忘《しょうがいわす》れないほどの感動《かんどう》として伝《つた》わりました。

その感動《かんどう》は、トルコの人《ひと》たちにまで伝《つた》わり、百年近《ひゃくねんちか》くたっても消《き》えることがなかったのです。

ものしりアルバム

エルトゥールル号《ごう》

樫野埼灯台《かしのざきとうだい》（写真《しゃしん》の上部中央《じょうぶちゅうおう》）

樫野埼灯台《かしのざきとうだい》は明治《めいじ》３年《ねん》（1870）に建設《けんせつ》された、日本《にほん》で最初《さいしょ》の石造灯《せきぞうとう》台《だい》です。当時《とうじ》の建物《たてもの》も残《のこ》されています。この灯台近《とうだいちか》くの岩礁《がんしょう》でエルトゥールル号《ごう》が沈没《ちんぼつ》しました。

樫野埼灯台《かしのざきとうだい》の近《ちか》くにはエルトゥールル号遭難《ごうそうなん》の石碑《せきひ》とトルコ記念館《きねんかん》が建《た》てられています。記念館《きねんかん》では遺品《いひん》や写真《しゃしん》などで事故当時《じこうじ》の様子《ようす》を知《し》ることができます。

第《だい》**3**話《わ》

失敗《しっぱい》した人《ひと》を、責《せ》めない、怒《おこ》らない

戦国時代《せんごくじだい》の武将《ぶしょう》武田信玄《たけだしんげん》が強《つよ》かった理由《りゆう》

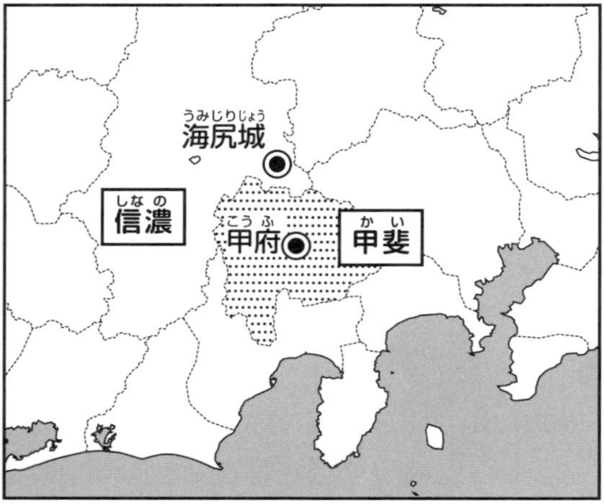

武田信玄《たけだしんげん》

（1521年生-1573年没）

人物紹介《じんぶつしょうかい》

武田 信玄（たけだ しんげん）

武田信玄《たけだしんげん》は、甲斐《かい》（現在《げんざい》の山梨県《やまなしけん》）生《う》まれの戦国武将《せんごくぶしょう》でした。現在《げんざい》の長野県《ながのけん》、静岡県《しずおかけん》、愛知県《あいちけん》にまたがる広大《こうだい》な地《ち》域《いき》を制圧《せいあつ》し、戦国最強《せんごくさいきょう》の軍団《ぐんだん》と恐《おそ》れられました。では、信《しん》玄《げん》の強《つよ》さの秘訣《ひけつ》は何《なん》だったのか？　次《つぎ》のように、まず自分《じぶん》が心《こころ》がけ、家臣《かしん》にも教《おし》えていたといわれています。

◆失敗《しっぱい》した時《とき》には、「運《うん》が悪《わる》かった」と嘆《なげ》かない。失敗《しっぱい》の原因《げんいん》を明《あき》らかに見《み》つめて、改《あらた》める努力《どりょく》をしていく。

◆占《うらな》いを信《しん》じたり、縁起《えんぎ》をかついだりしない。冷静《れいせい》に状況《じょうきょう》を分析《ぶんせき》して、精一杯《せいいっぱい》、努力《どりょく》して戦《たたか》う。

◆人間《にんげん》として成長《せいちょう》し、信用《しんよう》を得《え》ることを目指《めざ》す。そのためには、自分《じぶん》のしたいことよりも、嫌《いや》なことを先《さき》にするように戒《いまし》めていく。

この章《しょう》では、家臣《かしん》が失敗《しっぱい》した時《とき》に、どのように接《せっ》していたのかを見《み》てみましょう。

戦国時代《せんごくじだい》、最強《さいきょう》の軍団《ぐんだん》を築《きず》き上《あ》げたのが武田信玄《たけだしんげん》です
武田信玄《たけだしんげん》の家臣《かしん》である日向大和《ひなたやまと》は、信濃《しなの》＊の海尻城《うみじりじょう》を守《まも》っていました
ところが――

＊信濃……現在の長野県。

敵襲《てきしゅう》!!
ワァァ
夜襲《やしゅう》じゃ!!
うぐっ。不意《ふい》を突《つ》かれた!
ゴォォォ
これでは守《まも》り切《き》れぬ
ええい、引《ひ》け引《ひ》け!
逃《に》げろ!!
無念《むねん》だ……

前《まえ》から軍勢《ぐんぜい》が……
敵《てき》か！
殿《との》！
なんと、それは援軍《えんぐん》に駆《か》けつけた武田信玄《たけだしんげん》だったのです
敗《やぶ》れて逃《に》げてきた武将《ぶしょう》にとって、これほど気《き》まずい出会《であ》いはありません
激怒《げきど》なさっているだろうな……
厳《きび》しいお叱《しか》りがあるだろう……

臆病者《おくびょうもの》め！城《しろ》から逃《に》げるとは、何事《なにごと》だ！
恥《はじ》を知《し》れ、恥《はじ》を！
そこにいるのは、大和《やまと》ではないか
はっ
ぶざまな姿《すがた》をお見《み》せして、まことにお恥《は》ずかしい限《かぎ》りです
……
こういう時《とき》は、誰《だれ》だってしかたがない
はっ？

命《いのち》を落《お》とさず、無事《ぶじ》に逃《のが》れてくることができて、本当《ほんとう》によかった
わしも満足《まんぞく》だ
しかし、そなたはさぞ悔《くや》しい思《おも》いをしていることだろう
疲《つか》れているだろうが、ここから直《ただ》ちに引《ひ》き返《かえ》してくれぬか
今日《きょう》の先陣《せんじん》を頼《たの》みたいのだ
先陣《せんじん》を⁉
意外《いがい》な言葉《ことば》でした。武将《ぶしょう》にとって、先陣《せんじん》を命《めい》じられるほどの名誉《めいよ》はないからです

大馬印《おおうまじるし》*を、そなたに預《あず》けよう
これを先頭《せんとう》に立《た》てて、功名《こうみょう》を立《た》ててみよ！
*馬印《うまじるし》……主将《しゅしょう》の目印《めじるし》。
ははっ!!
身《み》に余《あま》る光栄《こうえい》。かしこまりました！
行《い》くぞ!!
おお
そなたたち、叫《さけ》んで回《まわ》れ

大和《やまと》の戦《たたか》いぶりは見事《みごと》だ！
実《じつ》に勇《いさ》ましい！勝利《しょうり》は疑《うたが》いなしだ！となー
さあ、大和《やまと》に続《つづ》け!!
うおおっ!!
この励《はげ》ましの声《こえ》を聞《き》いた大和《やまと》は、さらに奮起《ふんき》して、大《おお》きな手柄《てがら》を立《た》てたのです

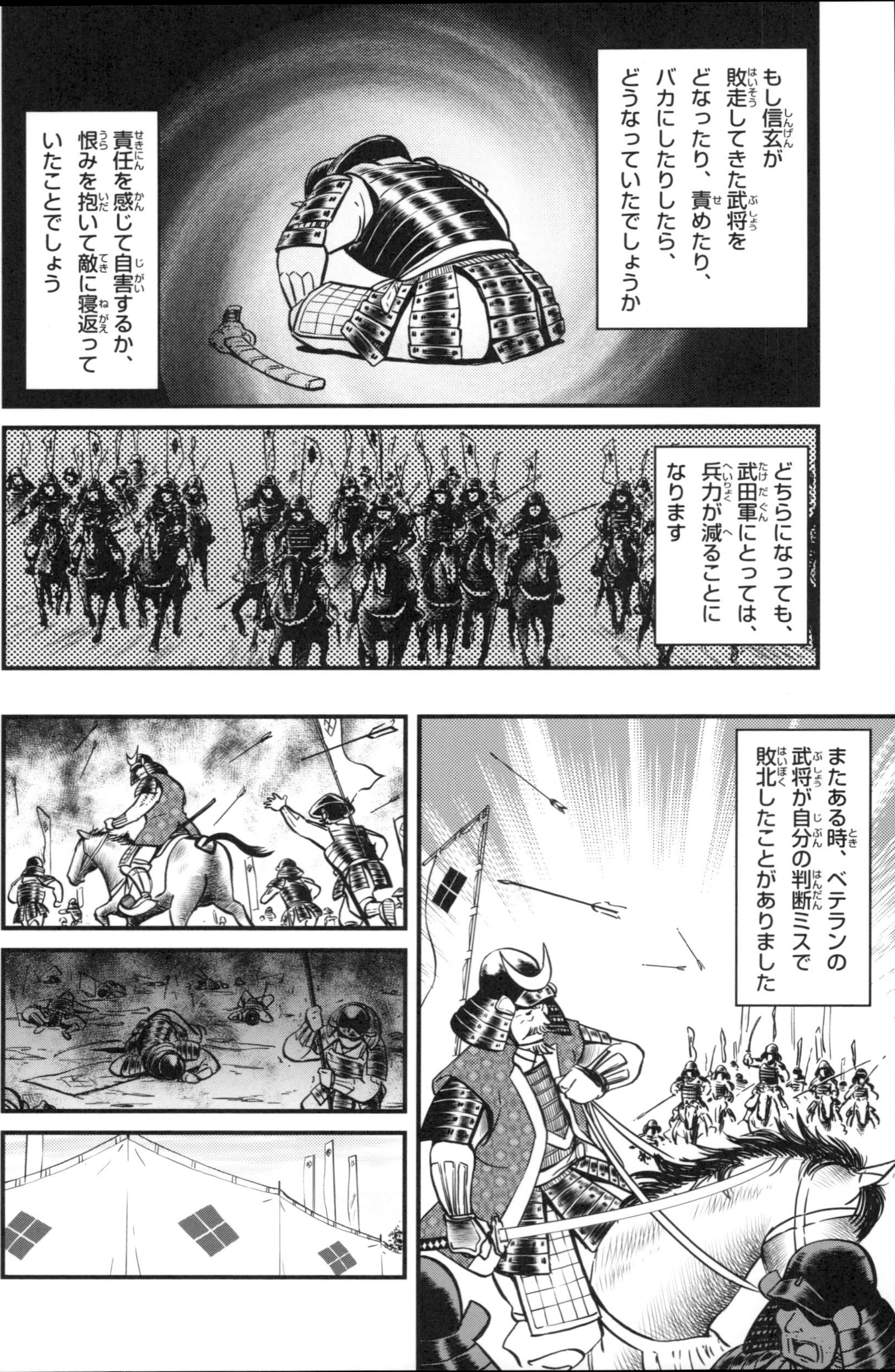
もし信玄《しんげん》が
敗走《はいそう》してきた武将《ぶしょう》を
どなったり、責《せ》めたり、
バカにしたりしたら、
どうなっていたでしょうか
責任《せきにん》を感《かん》じて自害《じがい》するか、
恨《うら》みを抱《いだ》いて敵《てき》に寝返《ねがえ》って
いたことでしょう
どちらになっても、
武田軍《たけだぐん》にとっては、
兵力《へいりょく》が減《へ》ることに
なります
またある時《とき》、ベテランの
武将《ぶしょう》が自分《じぶん》の判断《はんだん》ミスで
敗北《はいぼく》したことがありました

その武将《ぶしょう》は自《みずか》らの非《ひ》を認《みと》め、
陣営《じんえい》の奥《おく》に閉《と》じこもり、
罰《ばつ》を待《ま》っていました
やがて厳《きび》しいおとがめがあるだろう
信玄《しんげん》の裁決《さいけつ》は意外《いがい》なものでした
敵《てき》の偽計《ぎけい》に陥《おちい》りながら、全滅《ぜんめつ》しなかったのは、長年《ながねん》の経験《けいけん》が生《い》かされている
さすがだ。何《なに》も気《き》にすることはない
そう言《い》って、今《いま》までどおりの任務《にんむ》を命《めい》じたのです

厳罰《げんばつ》が必要《ひつよう》な時《とき》もあります
しかし、「自分《じぶん》が悪《わる》かった」と認《みと》め、深《ふか》く反省《はんせい》している人を、信玄《しんげん》は責《せ》めませんでした
これらは『名将言行録《めいしょうげんこうろく》』に記《しる》されているエピソードです
信玄《しんげん》は、どんなに腹《はら》が立《た》っても、怒《いか》りの炎《ほのお》を抑《おさ》える努力《どりょく》をし、相手《あいて》が力《ちから》を発揮《はっき》できるように配慮《はいりょ》していたことが分《わ》かります
厳《きび》しさだけで、「戦国最強《せんごくさいきょう》の軍団《ぐんだん》」が築《きず》かれたのではなかったのです
疾如風徐如林侵掠如火不動如山

大《たい》切《せつ》な心《こころ》

失敗《しっぱい》したら、言《い》い訳《わけ》をせずに、謝《あやま》る

武田信玄《たけだしんげん》は、城《しろ》から逃《に》げてきた武将《ぶしょう》や、戦《たたか》いに敗《やぶ》れたベテランの武将《ぶしょう》に対《たい》して、怒《おこ》ったり、責《せ》めたりしませんでした。なぜでしょうか。

二人《ふたり》とも、「自分《じぶん》が悪《わる》かった」と受《う》け止《と》め、素直《すなお》に謝《あやま》ったからです。

もし、「実《じつ》は、こういう事情《じじょう》があったのです」と言《い》い訳《わけ》をしたり、「自分《じぶん》は、ちゃんとやっていました。悪《わる》いのは、あいつです」と責任転嫁《せきにんてんか》したりしたら、信玄《しんげん》は、怒《おこ》って、厳罰《げんばつ》を与《あた》えたと思《おも》います。そんな人《ひと》には、厳《きび》しく言《い》わないと、必《かなら》ず、もっと大《おお》きな失敗《しっぱい》をするからです。

人間《にんげん》は、誰《だれ》でも、失敗《しっぱい》をすることがあります。

その時《とき》に、ごまかさずに、自分《じぶん》の悪《わる》かったところを素直《すなお》に反省《はんせい》して、おわびをすれば、怒《おこ》られることはないと思《おも》います。

ものしり アルバム

武田信玄《たけだしんげん》

武田信玄《たけだしんげん》は、中国《ちゅうごく》の兵法書《へいほうしょ》『孫子《そんし》』の中《なか》の言葉《ことば》「其《そ》の疾《はや》きことは風《かぜ》の如《ごと》く、其《そ》の徐《しずか》なることは林《はやし》の如《ごと》く、侵掠《しんりゃく》することは火《ひ》の如《ごと》く、動《うご》かざることは山《やま》の如《ごと》く」を軍旗《ぐんき》にしたことで有名《ゆうめい》です。

（アマナイメージズ）

（写真提供：武田家の史跡探訪　http://www.zephyr.dti.ne.jp/bushi/）

海尻城跡《うみじりじょうあと》（長野県《ながのけん》南佐久郡《みなみさくぐん》南牧村《なんもくむら》）
小高《こだか》い山《やま》の上《うえ》に、現在《げんざい》も城跡《しろあと》が残《のこ》っています。

第《だい》4話《わ》

約《やく》束《そく》を守《まも》ると、大《おお》きな信《しん》用《よう》を得《え》る

小《ちい》さな時《と》計《けい》店《てん》を、世《せ》界《かい》的《てき》な大《だい》企《き》業《ぎょう》へ発《はっ》展《てん》させた服《はっ》部《とり》金《きん》太《た》郎《ろう》

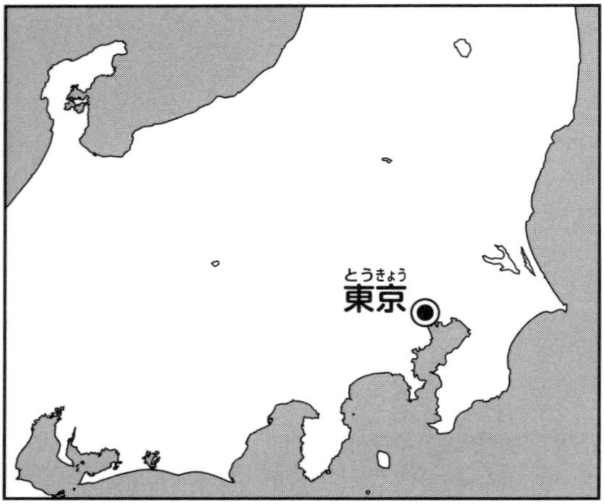

服部金太郎《はっとりきんたろう》

（1860年生-1934年没）

人物紹介《じんぶつしょうかい》

服部 金太郎（はっとり きんたろう）

時計《とけい》は、私《わたし》たちの生活《せいかつ》に、なくてはならないものです。しかし、明治時代《めいじじだい》の初《はじ》めは、まだ、日本《にほん》で時計《とけい》を作《つく》ることができませんでした。全《すべ》て外国《がいこく》から輸入《ゆにゅう》していたのです。そんな中《なか》、「海外《かいがい》の企業《きぎょう》に負《ま》けない精巧《せいこう》な時計《とけい》を作《つく》りたい」という願《ねが》いを込《こ》めて、「精工舎《せいこうしゃ》」という会社《かいしゃ》を設立《せつりつ》したのが、服部金太郎《はっとりきんたろう》でした。

「精巧《せいこう》な時計《とけい》」とは、時間《じかん》を精密《せいみつ》に刻《きざ》む時計《とけい》、巧《たく》みで素晴《すば》らしい時計《とけい》、という意味《いみ》です。「よい製品《せいひん》を作《つく》れば、必《かなら》ずお客《きゃく》さんは満足《まんぞく》し、会社《かいしゃ》も繁栄《はんえい》する」という信念《しんねん》で事業《じぎょう》を拡大《かくだい》していきました。明治二十五年《めいじにじゅうごねん》（一八九二）に掛《か》け時計《どけい》を商品化《しょうひんか》。その後《ご》、目覚《めざ》まし時計《とけい》、懐中時計《かいちゅうどけい》、腕時計《うでどけい》と、次々《つぎつぎ》に国産化《こくさんか》に成功《せいこう》したのです。やがて海外《かいがい》へも輸出《ゆしゅつ》されるようになり、服部金太郎《はっとりきんたろう》は「東洋《とうよう》の時計《とけい》王《おう》」と呼《よ》ばれるようになりました。

オリンピックの公式時計《こうしきどけい》
などでよく見《み》かける
「SEIKO」（セイコー）は、
日本《にほん》の時計《とけい》会社《がいしゃ》の
ブランド名《めい》です
ワアア
SEIKO
53.36
SEIKO
1:03.74
SEIKO
596
821
今《いま》では、
世界的《せかいてき》に有名《ゆうめい》な会社《かいしゃ》
になりましたが、
最初《さいしょ》は、町《まち》の
小《ちい》さな時計店《とけいてん》でした

服部金太郎《はっとりきんたろう》は、東京《とうきょう》の貧《まず》しい
家《いえ》に生《う》まれました
明治七年《めいじしちねん》（一八七四）、
十五歳《じゅうごさい》の時《とき》から、東京《とうきょう》の
時計店《とけいてん》で働《はたら》き始《はじ》めました

時計《とけい》を修理《しゅうり》する技術《ぎじゅつ》を身《み》につけて、自分《じぶん》の店《みせ》を持《も》ちたい
しかし、時計店《とけいてん》では、なかなか技術《ぎじゅつ》を教《おし》えてもらえませんでした
掃除《そうじ》や子守《こもり》ばかり言《い》いつけられ、苦《くる》しい日々《ひび》が続《つづ》いたのです
そんな中《なか》でも、部品《ぶひん》の名《な》を覚《おぼ》えたり、先輩《せんぱい》の仕事《しごと》をのぞき込《こ》んだりして、学《まな》んでいきました
しかし、十八歳《じゅうはっさい》の時《とき》に、働《はたら》いていた店《みせ》が倒産《とうさん》してしまったのです
それからは、自宅《じたく》で、古時計《ふるどけい》の修理《しゅうり》を引《ひ》き受《う》けながら、コツコツとお金《かね》をためていきました

四年後《よねんご》には、
「服部時計店《はっとりとけいてん》」を
開《ひら》くことができました。
ほんの小《ちい》さな店《みせ》でした

それから、わずか六年後《ろくねんご》に、
日本《にほん》で一番《いちばん》の繁華街《はんかがい》、銀座《ぎんざ》に
大型店《おおがたてん》をオープンさせたのです。
何《なに》が、服部時計店《はっとりとけいてん》を
急成長《きゅうせいちょう》させたのでしょうか
明治《めいじ》30年頃《ねんごろ》の服部時計店《はっとりとけいてん》

当時《とうじ》、日本《にほん》の時計《とけい》は、
ほとんどが輸入品《ゆにゅうひん》でした
海外《かいがい》から、よい時計《とけい》を、
いかに多《おお》く仕入《しい》れるかが、
店《みせ》の売《う》り上《あ》げを
左右《さゆう》していました

幸《さいわ》いにも、外国《がいこく》の商人《しょうにん》たちは、新製品《しんせいひん》や珍《めずら》しい時計《とけい》が日本《にほん》に着《つ》くと、他《ほか》の店《みせ》よりも早《はや》く、服部時計店《はっとりとけいてん》へ納《おさ》めてくれるようになっていました
その結果《けっか》、「品物《しなもの》が豊富《ほうふ》だ」という評判《ひょうばん》が広《ひろ》がり、大繁盛《だいはんじょう》したのは当然《とうぜん》だったのです
では、どうして彼《かれ》らが、服部時計店《はっとりとけいてん》を優先《ゆうせん》してくれたのでしょうか?
それは、私《わたし》が取引《とりひき》の約束《やくそく》を、必《かなら》ず守《まも》ったからです
外国《がいこく》の商人《しょうにん》たちは、三十日《さんじゅうにち》以内《いない》に代金《だいきん》を支払《しはら》うことを条件《じょうけん》にして、品物《しなもの》を渡《わた》してくれます
しかし、期限《きげん》が過《す》ぎても、お金《かね》を払《はら》わない店《みせ》が多《おお》かったのです

私《わたし》は、絶対《ぜったい》に約束《やくそく》を破《やぶ》りませんでした
商売《しょうばい》を始《はじ》めたばかりですから、私《わたし》だって、お金《かね》の余裕《よゆう》がなく、苦《くる》しい状態《じょうたい》でした
約束《やくそく》の日《ひ》に代金《だいきん》を納《おさ》めるためには、仕入《しい》れた時計《とけい》を売《う》ってしまわないといけません
しかし、そんなにうまくは、いきません……
約束《やくそく》の日《ひ》に、お金《かね》を払《はら》うと、財布《さいふ》の中《なか》が、空《から》っぽになることが、たびたびありました
カラ…

海外《かいがい》へ注文《ちゅうもん》した時計《とけい》は、船《ふね》で運《はこ》ばれてきますので届《とど》くまでに相当《そうとう》の日数《にっすう》がかかります
届《とど》いた頃《ころ》には流行後《りゅうこうおく》れになって、売《う》れない時計《とけい》もありました
しかし、一度《いちど》、買《か》うと約束《やくそく》した商品《しょうひん》は、必《かなら》ず引《ひ》き取《と》りました
相手《あいて》に苦情《くじょう》を言《い》うこともできますが、私《わたし》は、言《い》いませんでした
何《なに》を犠牲《ぎせい》にしてでも、約束《やくそく》を守《まも》ることを第一《だいいち》にしたのです

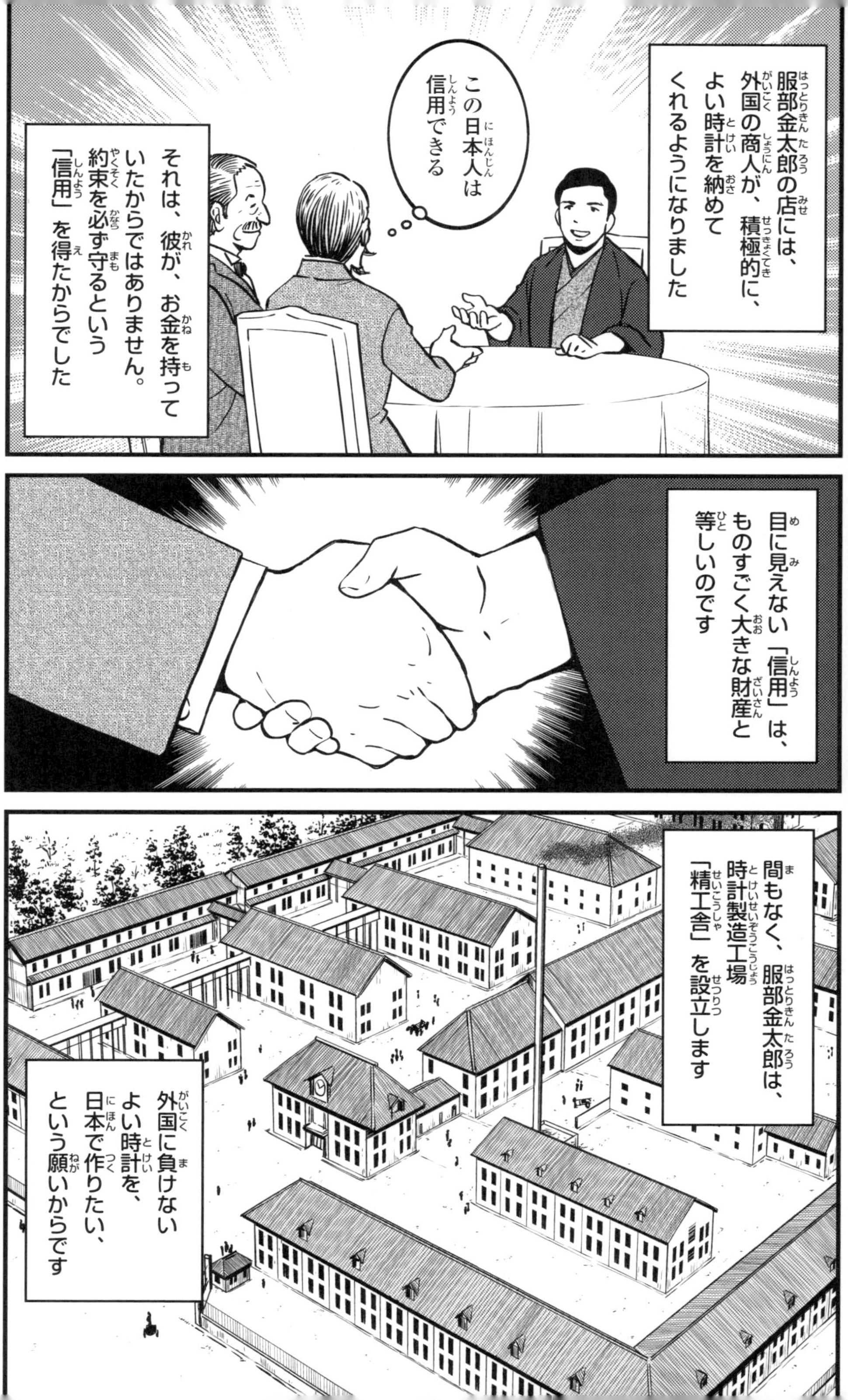
服部金太郎《はっとりきんたろう》の店《みせ》には、外国《がいこく》の商人《しょうにん》が、積極的《せっきょくてき》に、よい時計《とけい》を納《おさ》めてくれるようになりました
この日本人《にほんじん》は信用《しんよう》できる
それは、彼《かれ》が、お金《かね》を持《も》っていたからではありません。約束《やくそく》を必《かなら》ず守《まも》るという「信用《しんよう》」を得《え》たからでした
目《め》に見《み》えない「信用《しんよう》」は、ものすごく大《おお》きな財産《ざいさん》と等《ひと》しいのです
間《ま》もなく、服部金太郎《はっとりきんたろう》は、時計製造工場《とけいせいぞうこうじょう》「精工舎《せいこうしゃ》」を設立《せつりつ》します
外国《がいこく》に負《ま》けないよい時計《とけい》を、日本《にほん》で作《つく》りたい、という願《ねが》いからです

精工舎《せいこうしゃ》は、優《すぐ》れた時計《とけい》を
次々《つぎつぎ》に作《つく》り出《だ》し、
「SEIKO」のブランドで
世界《せかい》へ輸出《ゆしゅつ》する
大企業《だいきぎょう》となっていきました

「大飛躍《だいひやく》の秘訣《ひけつ》は、何《なん》ですか」
と聞《き》かれると、
服部金太郎《はっとりきんたろう》は、このように
答《こた》えています
チャンスをつかんだ
のではありません。
正直《しょうじき》に努力《どりょく》しているうちに、
大発展《だいはってん》するチャンスが、
やってきたのです

大《たい》切《せつ》な心《こころ》

信用《しんよう》には、大金《たいきん》や宝石《ほうせき》以上《いじょう》の力《ちから》がある

服部金太郎《はっとりきんたろう》の小《ちい》さな時計店《とけいてん》は、短期間《たんきかん》で、大《おお》きな店《みせ》に発展《はってん》しました。大成功《だいせいこう》したのです。

それは、商売《しょうばい》をするための資金《しきん》を、たくさん持《も》っていたからではありません。財布《さいふ》の中《なか》が空《から》っぽになることが、よくあるほど、お金《かね》がなくて困《こま》っていました。

しかし、服部金太郎《はっとりきんたろう》は、他《ほか》の時計店《とけいてん》の経営者《けいえいしゃ》にはないものを持《も》っていたのです。それは、「約束《やくそく》を必《かなら》ず守《まも》る男《おとこ》」という信用《しんよう》です。

「信用《しんよう》」は、目《め》には見《み》えません。

だけど「信用《しんよう》」は、ものすごい大金《たいきん》や宝石《ほうせき》と同《おな》じくらいの力《ちから》を持《も》っているのです。

約束《やくそく》を必《かなら》ず守《まも》って、正直《しょうじき》に努力《どりょく》している人《ひと》は、必《かなら》ず、周《まわ》りの人《ひと》から信用《しんよう》される人《ひと》になるでしょう。

ものしりアルバム

服部金太郎《はっとりきんたろう》

明治《めいじ》二十八年《にじゅうはちねん》（一八九五）にオープンした服部時計店《はっとりとけいてん》（銀座《ぎんざ》）。「時計塔《とけいとう》」といわれていました。

（朝日新聞社/アマナイメージズ）

現在残《げんざいのこ》る旧服部時計店《きゅうはっとりとけいてん》の建物《たてもの》（現《げん》・和光《わこう》）。昭和《しょうわ》７年《ねん》（1932）に建《た》てられ、太平洋戦争中《たいへいようせんそうちゅう》の東京大空襲《とうきょうだいくうしゅう》でも建物《たてもの》は無事《ぶじ》に残《のこ》り、現在《げんざい》重要文化財《じゅうようぶんかざい》にも指定《してい》されています。

第《だい》5話《わ》

強《つよ》くなるには、基本《きほん》を徹底的《てっていてき》に身《み》につける

日本《にほん》サッカーの育《そだ》ての親《おや》、クラマーの指導方法《しどうほうほう》

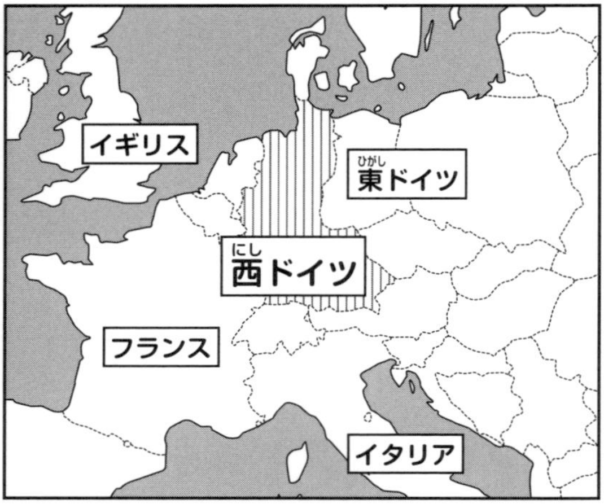

デットマール・クラマー
（1925年生-2015年没）

人物紹介《じんぶつしょうかい》

デットマール・クラマー

ドイツ出身《しゅっしん》のクラマーは、「日本《にほん》サッカーの父《ちち》」と呼《よ》ばれています。

日本《にほん》のサッカー選手《せんしゅ》は、今《いま》でこそ世界《せかい》の舞台《ぶたい》で活躍《かつやく》していますが、昭和三十年代前半《しょうわさんじゅうねんだいぜんはん》は、負《ま》けてばかりで、最《さい》悪《あく》の状態《じょうたい》でした。そんな日本代表《にほんだいひょう》チームを強化《きょうか》するコーチとして来日《らいにち》し、サッカーの基本《きほん》を、徹底的《てっていてき》に教《おし》えたのがクラマーでした。

クラマーは、日本代表選手《にほんだいひょうせんしゅ》に「大和魂《やまとだましい》を見《み》せてくれ」と励《はげ》ましていたといいます。試合終了《しあいしゅうりょう》のホイッスルが鳴《な》るまであきらめずに、戦《たたか》い抜《ぬ》け、という意味《いみ》です。その精神《せいしん》は、今《いま》も受《う》け継《つ》がれています。

サッカー発展《はってん》のために、国内《こくない》でリーグ戦《せん》（Jリーグ）を導入《どうにゅう》することを提唱《ていしょう》したのもクラマーでした。

昭和《しょうわ》三十年代《さんじゅうねんだい》前半《ぜんはん》、日本《にほん》のサッカーは暗黒時代《あんこくじだい》でした
ピーッ
おっと、ここでホイッスル。試合終了《しあいしゅうりょう》です
日本《にほん》はフィリピン戦《せん》、香港戦《ホンコンせん》でも負《ま》けて、アジア大会《たいかい》は全敗《ぜんぱい》の成績《せいせき》で終《お》わりました
ワァァァァ

日本代表《にほんだいひょう》チームは、いつも負《ま》けてばかりいました
昭和《しょうわ》三十五年《さんじゅうごねん》（一九六〇）のローマオリンピックにも、予選敗退《よせんはいたい》で参加《さんか》することができなかったのです
四年後《よねんご》は東京《とうきょう》オリンピックです
地元《じもと》チームとして無条件《むじょうけん》で出場《しゅつじょう》できます
それだけに、恥《は》ずかしい試合《しあい》はできないだろ！
このままではダメだ……

何《なん》とかしなければ……
ボン
サッカー関係者《かんけいしゃ》は、皆《みな》、焦《あせ》っていました
しかし、一体《いったい》何《なに》から手《て》をつけていいのか……
サッカー協会《きょうかい》は、思《おも》い切《き》って、西《にし》ドイツ＊へ協力《きょうりょく》を求《もと》めたのです
我々《われわれ》はサッカーの先進国《せんしんこく》である貴国《きこく》に教《おし》えを請《こ》い、強《つよ》くなりたいと思《おも》っている。若《わか》くて有能《ゆうのう》なコーチを日本《にほん》に招《まね》きたいので、推薦《すいせん》をお願《ねが》いしたい

＊西《にし》ドイツ……一九四九年《ねん》から一九九〇年《ねん》まで東西《とうざい》に分裂《ぶんれつ》していたドイツの西側《にしがわ》地域《ちいき》、ドイツ連邦共和国《れんぽうきょうわこく》の通称《つうしょう》。

西《にし》ドイツサッカー協会《きょうかい》は、全面的《ぜんめんてき》な支援《しえん》を表明《ひょうめい》しました
デットマール・クラマーが日本《にほん》チームを指導《しどう》することになったのです
デットマール・クラマー
昭和三十五年八月《しょうわさんじゅうごねんはちがつ》、日本代表《にほんだいひょう》チームは西《にし》ドイツへ向《む》かい、初《はじ》めてクラマーに会《あ》いました
日本航空
そして親善試合《しんぜんじあい》——
おお……

これでは
勝《か》てまい……
クラマーは、すぐに日本選手《にほんせんしゅ》の欠点《けってん》を見抜《みぬ》きました
ボールを扱《あつか》う基本《きほん》が身《み》についていないのです
キックを正確《せいかく》にできないのでロングパスがつながりません
……しかも、一番《いちばん》の問題《もんだい》は、自分《じぶん》たちに基礎力《きそりょく》がないという自覚《じかく》が全《まった》くないことだ
よし!

いいか、これからキックの練習《れんしゅう》をする
ボム
「日本代表《にほんだいひょう》チーム」というからには、日本中《にほんじゅう》から集《あつ》められた優秀《ゆうしゅう》な選手《せんしゅ》の集《あつ》まりです
ボム
ボム
ボム
そんな彼《かれ》らにクラマーは、キックの練習《れんしゅう》だけをさせたのです
インサイドキックは足首《あしくび》をきちんと固定《こてい》して、狙《ねら》う方向《ほうこう》へ正確《せいかく》に
一人一人《ひとりひとり》にボールを蹴《け》らせ、まるで初心者《しょしんしゃ》に丁寧《ていねい》に教《おし》えるように、声《こえ》をかけて回《まわ》ったのです

インサイドキック
インステップキック
正確《せいかく》に、正確《せいかく》にだぞ！
ヘディング
これでは、初心者《しょしんしゃ》向《む》けのサッカー教室《きょうしつ》ではないか
金《かね》と時間《じかん》を使《つか》って西《にし》ドイツまで来《き》ながら、キックの練習《れんしゅう》ばかりとは……
こんな練習《れんしゅう》は、日本《にほん》ですでにやっている
もっと別《べつ》のことを教《おし》えてほしい

基礎練習《きそれんしゅう》は時間《じかん》の無駄《むだ》だ
同行《どうこう》した日本《にほん》チームの監督《かんとく》は苦情《くじょう》を言《い》い始《はじ》めました。試合《しあい》に勝《か》つための高度《こうど》な戦略《せんりゃく》を教《おし》えてもらえると思《おも》っていたからです
……
ボン
どこへ蹴《け》っている！
ボム
正確《せいかく》に蹴《け》るとは、こういうことだ
彼《かれ》がキックしたボールは、二十《にじゅう》メートル先《さき》の目標《もくひょう》に、正確《せいかく》に、一直線《いっちょくせん》に飛《と》んでいきました

日本選手《にほんせんしゅ》は、誰一人《だれひとり》、クラマーほど正確《せいかく》にキックできませんでした
できない以上《いじょう》、文句《もんく》は言《い》えません
……
続《つづ》けよう
クラマーは、自《みずか》ら模範《もはん》を示《しめ》し、何度《なんど》も注意《ちゅうい》しながら練習《れんしゅう》を続《つづ》けさせました
できるようになるまで、一時間《いちじかん》でも、二時間《にじかん》でも、徹底的《てっていてき》に練習《れんしゅう》したのです

クラマーは、基本《きほん》の大切《たいせつ》さを、こう語《かた》っています
建築物《けんちくぶつ》は、
きちんと基礎《きそ》を固《かた》めてこそ、
その上《うえ》にりっぱなものが建《た》つ。
ロケットは、
しっかりした発射台《はっしゃだい》があってこそ、
遠《とお》くへ飛《と》ばすことができる。
基本《きほん》がしっかりしていないものは、
いつか必《かなら》ず崩壊《ほうかい》する。※

昭和《しょうわ》三十五年《さんじゅうごねん》十月《じゅうがつ》、クラマーは日本《にほん》へ来《き》ました
JAPAN AIR LINES

アジアで最《もっと》も弱《よわ》い日本代表《にほんだいひょう》チームを
ボム
どうすれば、強《つよ》くすることができるのか……

クラマーは、日本人選手《にほんじんせんしゅ》と同《おな》じ旅館《りょかん》に泊《と》まり込《こ》んで、トレーニングを開始《かいし》しました

いいか
必要《ひつよう》な時《とき》に、必要《ひつよう》な場所《ばしょ》へ、正確《せいかく》にボールをパスすることができなかったら、どんな戦略《せんりゃく》も成《な》り立《た》たない
ボールをコントロールする力《ちから》を身《み》につけてこそ、次《つぎ》の段階《だんかい》へ進《すす》めるのだ
サッカーという競技《きょうぎ》では、この基礎《きそ》さえ身《み》につければ、必《かなら》ず、勝《か》てるようになる
クラマーは、こう明言《めいげん》し、基礎練習《きそれんしゅう》を徹底《てってい》して行《おこな》ったのです

しかし、一年《いちねん》たっても、二年《にねん》たっても、試合《しあい》に勝《か》つことはできませんでした
ワールドカップのアジア予選《よせん》では、韓国《かんこく》に二連敗《にれんぱい》してしまいました
2
次《つぎ》のアジア大会《たいかい》でも負《ま》けてばかりいました
一体《いったい》、どうなっているんだね
外国《がいこく》からコーチを招《まね》いたのに、なぜ、成績《せいせき》が上《あ》がらないんだ
気《き》の短《みじか》い人《ひと》たちは、クラマーに冷《つめ》たい視線《しせん》を向《む》けていました
NIPPON

それでもクラマーは、基礎《きそ》に重点《じゅうてん》を置《お》くやり方《かた》を変《か》えませんでした
「桃栗三年《ももくりさんねん》、柿八年《かきはちねん》」といわれるように、果物《くだもの》でさえ、種《たね》をまいてから樹木《じゅもく》が育《そだ》ち、おいしい実《み》をつけるまでに何年《なんねん》もかかるのです
まして人《ひと》を育《そだ》てるのに一年《いちねん》や二年《にねん》で、ハッキリした結果《けっか》が現《あらわ》れるはずがありません
サッカーの上達《じょうたつ》に、近道《ちかみち》はない
絶《た》え間《ま》なく努力《どりょく》するだけである
クラマーは、選手《せんしゅ》にこう言《い》って、ひたすら練習《れんしゅう》をさせました

8

日本《にほん》が試合《しあい》で勝《か》てるようになってきたのは、三年《さんねん》たってからでした
一人一人《ひとりひとり》が、基礎的《きそてき》な力《ちから》をつけたことが、チーム全体《ぜんたい》のレベルアップにつながったのです
そして昭和《しょうわ》三十九年《さんじゅうきゅうねん》（一九六四）、東京《とうきょう》オリンピック
日本《にほん》、ゴール！
逆転《ぎゃくてん》だ！
強豪《きょうごう》アルゼンチンを逆転《ぎゃくてん》で破《やぶ》り、ベスト8入《い》りを果《は》たしたのです。四年前《よねんまえ》には、想像《そうぞう》もできなかった快挙《かいきょ》に、日本中《にほんじゅう》がわきました

東京《とうきょう》オリンピックの後《あと》、クラマーは西《にし》ドイツへ帰《かえ》りました
日本航空
しかし、日本《にほん》チームはクラマーの方針《ほうしん》どおりに努力《どりょく》を積《つ》み重《かさ》ねていきます
昭和四十三年《しょうわよんじゅうさんねん》（一九六八）、メキシコオリンピック
MEXICO68
日本《にほん》チームのメンバーは、ほとんど、クラマーの教《おし》え子《ご》でした。見事《みごと》に、一次《いちじ》リーグを突破《とっぱ》！
15
準々決勝《じゅんじゅんけっしょう》では、サッカー超大国《ちょうたいこく》のフランスを破《やぶ》ったのです

日本《にほん》は惜《お》しくも準決勝《じゅんけっしょう》で
ハンガリーに敗《やぶ》れました。
しかし、メダル獲得《かくとく》を目指《めざ》し、
三位決定戦《さんいけっていせん》に全力《ぜんりょく》で挑《いど》みました
対戦相手《たいせんあいて》は、
地元《じもと》メキシコです。
観客席《かんきゃくせき》からは、メキシコ
を応援《おうえん》する声《こえ》が怒濤《どとう》の
ように響《ひび》きわたります
日本《にほん》は、この試合《しあい》に
全《すべ》てをかけて
いました
杉山《すぎやま》から
パスが回《まわ》る
釜本《かまもと》のシュート!
ゴール!!

日本《にほん》は前半《ぜんはん》
二点《にてん》を先取《せんしゅ》
後半《こうはん》はメキシコの猛烈《もうれつ》な
攻撃《こうげき》を受《う》けながらも
守《まも》り抜《ぬ》き、ついに
勝利《しょうり》したのです
試合《しあい》を見《み》に来《き》ていた
クラマーも観客席《かんきゃくせき》で泣《な》きました

日本《にほん》、銅《どう》メダル獲得《かくとく》
クラマーの母国《ぼこく》・西《にし》ドイツでさえ、オリンピックでメダルを手《て》にしたことはなかったのです。まさに奇跡的《きせきてき》な大飛躍《だいひやく》でした
日本《にほん》のサッカーを、大《おお》きく生《う》まれ変《か》わらせたクラマーは、「日本《にほん》サッカーの父《ちち》」と慕《した》われています
彼《かれ》は、日本選手《にほんせんしゅ》に初《はじ》めて会《あ》った時《とき》の印象《いんしょう》を、次《つぎ》のように語《かた》っています
みんな目《め》がキラキラと輝《かがや》いていた

何《なん》としても強《つよ》くなってやろう、ドイツでサッカーの全《すべ》てを吸収《きゅうしゅう》していこう、という強《つよ》い意欲《いよく》をヒシヒシと感《かん》じた
彼《かれ》らが真剣《しんけん》な気持《きも》ちで向《む》かってきたから、自分《じぶん》も真剣《しんけん》になった。全力《ぜんりょく》を傾《かたむ》けて、日本《にほん》チームを強《つよ》くしたいと思《おも》ったんだ
学《まな》ぶ人《ひと》が真剣《しんけん》になってこそ、教《おし》える人《ひと》も真剣《しんけん》になれます。その火花《ひばな》が散《ち》った時《とき》、大《おお》きな夢《ゆめ》が実現《じつげん》することを、オリンピックの銅《どう》メダルが証明《しょうめい》しています

大《たい》切《せつ》な心《こころ》

焦《あせ》らずに、基本《きほん》を身《み》につける

クラマーは、「基本《きほん》さえ身《み》につければ、必《かなら》ず勝《か》てるようになる」と教《おし》えました。そして、周囲《しゅうい》から非難《ひなん》されても、キックの基本練習《きほんれんしゅう》を、ずっと続《つづ》けさせました。それが、八《はち》年後《ねんご》のオリンピックで銅《どう》メダルを獲得《かくとく》するという、素晴《すば》らしい結果《けっか》に結《むす》びついたのです。

基本《きほん》が大切《たいせつ》なのは、サッカーだけではありません。全《すべ》てのスポーツに共通《きょうつう》している心得《こころえ》です。

それだけではなく、音楽《おんがく》の練習《れんしゅう》をする時《とき》も、勉強《べんきょう》をする時《とき》も、まず、その分野《ぶんや》の基礎的《きそてき》な力《ちから》を徹底的《てっていてき》に身《み》につけないと、決《けっ》して、力《ちから》が伸《の》びないのです。

「いつまで、こんな練習《れんしゅう》をしているのだろう」
「もっと、レベルの高《たか》いことをやりたい」
と言《い》ったら、クラマーに叱《しか》られますよ。教《おし》えてくださる先《せん》生《せい》に従《したが》って、頑張《がんば》っていきましょう。

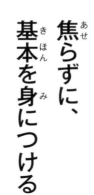

ものしりアルバム

メキシコオリンピック開会式《かいかいしき》
日本《にほん》サッカーチームはこの大会《たいかい》で銅《どう》メダルを獲得《かくとく》するという快挙《かいきょ》を成《な》し遂《と》げました。

デットマール・クラマー

東京《とうきょう》オリンピックに向《む》けて日本《にほん》チームを指導《しどう》するクラマー。彼《かれ》の徹底《てってい》したボールコントロールの技術練習《ぎじゅつれんしゅう》に選手《せんしゅ》たちは打《う》ち込《こ》み、成果《せいか》をあげました。

（写真提供：アマナイメージズ）

第《だい》6話《わ》

他人《たにん》から注意《ちゅうい》されたら、どうする？

「ありがたい」と受《う》け取《と》った戦国大名《せんごくだいみょう》の堀秀政《ほりひでまさ》は、名君《めいくん》と慕《した》われるようになった

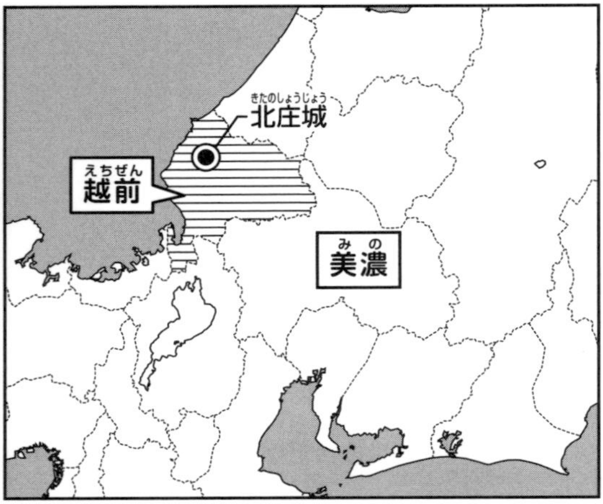

堀秀政《ほりひでまさ》

（1553年生-1590年没）

人物紹介《じんぶつしょうかい》

堀 秀政 （ほり ひでまさ）

堀秀政《ほりひでまさ》は、美濃《みの》（現在《げんざい》の岐阜県《ぎふけん》）に生《う》まれた武将《ぶしょう》です。十二歳《じゅうにさい》の時《とき》に、織田信長《おだのぶなが》に才能《さいのう》を見抜《みぬ》かれ、側近《そっきん》に取《と》り立《た》てられました。

しかし主君《しゅくん》・織田信長《おだのぶなが》は、本能寺《ほんのうじ》の変《へん》で、明智光秀《あけちみつひで》に討《う》たれます。彼《かれ》は、直《ただ》ちに豊臣秀吉《とよとみひでよし》に従《したが》って戦場《せんじょう》を駆《か》け抜《ぬ》け、明智光秀《あけちみつひで》を破《やぶ》りました。

その後《ご》も、秀吉方《ひでよしがた》の武将《ぶしょう》として、ほとんどの戦《たたか》いに参《さん》加《か》して、大《おお》きな功績《こうせき》をあげています。

堀秀政《ほりひでまさ》は、三十三歳《さんじゅうさんさい》の時《とき》に、越前《えちぜん》・加賀《かが》（現在《げんざい》の福井《ふくい》県《けん》・石川県《いしかわけん》）で十八万石《じゅうはちまんごく》を与《あた》えられ、北庄城《きたのしょうじょう》に入《はい》りました。北国《ほっこく》を支配《しはい》する要《かなめ》の大名《だいみょう》となったのです。

このように順調《じゅんちょう》に出世《しゅっせ》する超《ちょう》エリート武将《ぶしょう》でした。

果《は》たして、堀秀政《ほりひでまさ》は、他人《たにん》から注意《ちゅうい》された時《とき》に、どういう態度《たいど》をとったのでしょうか。

殿《との》、お待《ま》ちくだされ
そのようなことをなされますと、政治《せいじ》は乱《みだ》れて大変《たいへん》なことになりますぞ。
おやめくだされ
やかましい。そなたたちの指図《さしず》は受《う》けぬ。
ワシのやりたいようにやるのじゃ！

ザザ
殿《との》、そこを何《なに》とぞ、お聞《き》き届《とど》けくだされ
ええい、聞《き》く耳《みみ》持《も》たぬ
ギラ
それ以上《いじょう》言《い》うのなら、そなた手討《てう》ちにいたす!
殿《との》!
と、殿《との》~
戦国乱世《せんごくらんせ》の時代《じだい》に、このようなことをして滅《ほろ》んだ国《くに》は多《おお》い
息子《むすこ》が城主《じょうしゅ》になったが、同《おな》じような過《あやま》ちを犯《おか》さないか心配《しんぱい》だ。よし、大事《だいじ》な心得《こころえ》を息子《むすこ》に伝《つた》えておこう
黒田孝高《くろだよしたか》

豊臣秀吉《とよとみひでよし》の軍師《ぐんし》として、天下取《てんかと》りに貢献《こうけん》した黒田官兵衛孝高《くろだかんべえよしたか》（如水《じょすい》）は、多《おお》くの教訓《きょうくん》を書《か》き残《のこ》しています

「大将《たいしょう》には威厳《いげん》がなければ、多《おお》くの人《ひと》を率《ひき》いていけない」と言《い》って、偉《えら》そうに振《ふ》る舞《ま》うのは間違《まちが》いである。具体的《ぐたいてき》には、次《つぎ》の言動《げんどう》に気《き》をつけなさい

◆相手《あいて》を見下《みさ》げて、
権威《けんい》ぶった態度《たいど》をとってはならない

◆言葉《ことば》を荒《あら》くしたり、ささいなことで
目《め》を怒《いか》らせたりしてはならない

◆人《ひと》から注意《ちゅうい》されたならば、
はねつけてはならない

◆自分《じぶん》に非《ひ》があるのに、威圧《いあつ》するような
言《い》い方《かた》で、ごまかしてはならない

◆わがままに振《ふ》る舞《ま》ってはならない

上《うえ》に立《た》つ者《もの》が、高慢《こうまん》で、人《ひと》をないがしろにすると、家老《かろう》（幹部《かんぶ》）でさえ意見《いけん》を言《い》わなくなる
まして、一般《いっぱん》の家臣《かしん》（部下《ぶか》）に至《いた》っては、ただ恐《おそ》れて敬遠《けいえん》し、自分《じぶん》の身《み》を守《まも》ることしか考《かんが》えなくなってしまう
やがては、一般《いっぱん》の民衆《みんしゅう》からも嫌《きら》われるようになり、必《かなら》ず国《くに》が滅《ほろ》びるのだ
よくよく心得《こころえ》ておきなさい
大切《たいせつ》なのは、まず、わが身《み》の言動《げんどう》を正《ただ》すことである。
そうすれば、強《し》いて、人《ひと》を叱《しか》ったり、脅《おど》したりしなくても、自然《しぜん》と威厳《いげん》が備《そな》わっていくであろう
このようにしていけば、必《かなら》ず、多《おお》くの人《ひと》から慕《した》われるようになり、国《くに》も長《なが》く続《つづ》くのだ

模範的《もはんてき》な武将《ぶしょう》を紹介《しょうかい》しましょう
織田信長《おだのぶなが》の側近《そっきん》に堀秀政《ほりひでまさ》という武将《ぶしょう》がいました
信長《のぶなが》の死後《しご》は豊臣秀吉《とよとみひでよし》に仕《つか》えて、越前《えちぜん》（福井県《ふくいけん》）北庄城《きたのしょうじょう》*の城主《じょうしゅ》になりました
北庄城《きたのしょうじょう》
いくら経験豊富《けいけんほうふ》な大名《だいみょう》といっても、新《あら》たな任地《にんち》をまとめていくのは神経《しんけい》を使《つか》う仕事《しごと》でした

*北庄城《きたのしょうじょう》……福井城《ふくいじょう》の前身《ぜんしん》。

ある日《ひ》、一《ひと》つの事件《じけん》が起《お》きました
城下《じょうか》の大通《おおどお》り
ワイ
ワイ
ん？
何《なん》だ、あの人《ひと》だかりは……
立《た》て札《ふだ》ではないか。誰《だれ》がこんなものを……
ん？
「堀秀政《ほりひでまさ》の悪政《あくせい》を糾弾《きゅうだん》する」だと！
その立《た》て札《ふだ》には、秀政《ひでまさ》の政治《せいじ》の具体的《ぐたいてき》な問題点《もんだいてん》が三十《さんじっ》カ条以上《じょういじょう》も列挙《れっきょ》されていたのです

ダ
こ、これは大変《たいへん》だ
すぐに殿《との》に申《もう》し上《あ》げなければ
おっと
ドタ
ドタ
殿《との》、大事《だいじ》でございます！
いかがいたした。そんなに血相《けっそう》を変《か》えて
城下《じょうか》の辻《つじ》にこのようなものが……
？

ふむ……
な、な、何《なん》という無礼《ぶれい》な！
われらに盾突《たてつ》くとは言語道断《ごんごどうだん》！
殿《との》、犯人《はんにん》を捜《さが》し出《だ》し、厳罰《げんばつ》に処《しょ》しましょうぞ!!
ダ
そうじゃ、そのとおり！
ええい、腹《はら》が立《た》つ！

そなたたち、静《しず》まるのじゃ
これは実《じつ》に、ありがたい指摘《してき》じゃ
殿《との》！
国主《こくしゅ》とか城主《じょうしゅ》という立場《たちば》になってしまうと、もう誰《だれ》も私《わたし》の悪《わる》いところを注意《ちゅうい》してくれる者《もの》がいない
まさに、天《てん》の声《こえ》だ
ザザッ
これはわが家《や》の宝《たから》である
と、殿《との》……

こう言《い》って、秀政《ひでまさ》は
非難文《ひなんぶん》を敬《うやま》って、
三度《さんど》押《お》し頂《いただ》き、
箱《はこ》に納《おさ》めて大切《たいせつ》に
保管《ほかん》したのです
よし、家臣《かしん》を
全員《ぜんいん》、城《しろ》に集《あつ》めよ
ザ
は、ははっ！
そして秀政《ひでまさ》は
緊急会議《きんきゅうかいぎ》を開《ひら》きました
指摘《してき》された三十数カ条《さんじゅうすうじょう》を、
一《ひと》つ一《ひと》つ検討《けんとう》し、徹底的《てっていてき》に
話《はな》し合《あ》ったのです

なぜ、こういう非難《ひなん》が出《で》たのか
現状《げんじょう》はどうなのか
どう改善《かいぜん》すればいいのか
誤解《ごかい》ならば、誠意《せいい》を尽《つ》くしていけば、やがて解《と》けていきます
しかし、少《すこ》しでも問題《もんだい》のあるところは、すべて改《あらた》めていきました
この効果《こうか》はすぐに表《あらわ》れました

よくなった政治《せいじ》を見《み》て領民《りょうみん》は、秀政《ひでまさ》を「名君《めいくん》」と慕《した》うようになっていきました

他人《たにん》から非難《ひなん》されたら、どうすればいいのでしょうか
的外《まとはず》れなものも多《おお》くあるでしょう。しかし、当《あ》たっていることもあるはずです
非難《ひなん》されても怒《おこ》らずに、自分《じぶん》が向上《こうじょう》するチャンスと受《う》け止《と》めて、直《なお》すべきところは直《なお》していくことが大切《たいせつ》なのです

大《たい》切《せつ》な心《こころ》

注意《ちゅうい》されたら、怒《おこ》らずに、自分《じぶん》を見《み》つめよう

他人《たにん》から注意《ちゅうい》されたら、どうしますか。
いい気持《きも》ちがしませんね。
「そんなことないよ！」
「そういう、あなたは、どうなの」
と言《い》い返《かえ》したり、怒《おこ》ったりすることが多《おお》いと思《おも》います。

堀秀政《ほりひでまさ》の偉《えら》いところは、自分《じぶん》への注意《ちゅうい》を三十《さんじゅう》以上《いじょう》も書《か》き並《なら》べた立《た》て札《ふだ》を、みんなが通《とお》る所《ところ》に立《た》てられたのに、怒《おこ》らなかったことです。書《か》いた人《ひと》の名前《なまえ》も分《わ》からない批判《ひはん》ですから、
「なんと無責任《むせきにん》なやつだ」
と無視《むし》してもいいはずです。
しかし、秀政《ひでまさ》は、
「注意《ちゅうい》してくれる人《ひと》は、めったにいないのだから、ありがたいことだ。これは宝物《たからもの》だ」
と言《い》って大切《たいせつ》にしたのです。
そして、注意《ちゅうい》された内容《ないよう》を一《ひと》つ一《ひと》つ検討《けんとう》して、少《すこ》しでも問題《もんだい》のあるところは、全《すべ》て直《なお》していく努力《どりょく》をしました。
その姿《すがた》を見《み》た人《ひと》たちは、秀政《ひでまさ》を、「りっぱな人《ひと》だ」と尊敬《そんけい》するようになったのです。

ものしりアルバム

堀秀政《ほりひでまさ》

北庄城跡《きたのしょうじょうあと》
元《もと》は柴田勝家《しばたかついえ》が築《きず》いた城《しろ》で、織田《おだ》信長《のぶなが》の安土城《あづちじょう》をしのぐほどの規模《きぼ》だったといわれます。豊臣秀吉《とよとみひでよし》との戦《たたか》いで勝家《かついえ》が負《ま》けた後《あと》、堀秀政《ほりひでまさ》が入城《にゅうじょう》しました。

小牧長久手《こまきながくて》の戦《たたか》い　堀秀政陣所跡《ほりひでまさじんしょあと》
豊臣秀吉《とよとみひでよし》と徳川家康《とくがわいえやす》の軍《ぐん》が戦《たたか》った古戦場《こせんじょう》です。味方《みかた》の隊《たい》が大敗《たいはい》する中《なか》、堀秀政隊《ほりひでまさたい》は首尾《しゅび》よく敵《てき》の家康軍《いえやすぐん》を敗走《はいそう》させました。

第《だい》7話《わ》

お金《かね》を大切《たいせつ》にし、無駄遣《むだづか》いしない秘訣《ひけつ》

ロックフェラーは、
毎日《まいにち》、小遣《こづか》い帳《ちょう》を
つけていた

ジョン・ロックフェラー
（1839年生-1937年没）

人物紹介《じんぶつしょうかい》 ジョン・ロックフェラー

貧乏《びんぼう》な家《いえ》に育《そだ》った人《ひと》が、やがて大金持《おおがねも》ちとなって、大《だい》成功《せいこう》することがあります。その典型的《てんけいてき》な人物《じんぶつ》が、アメリカの、ジョン・ロックフェラーです。

ロックフェラーは、アメリカで一番《いちばん》の大富豪《だいふごう》になりました。しかし、私《わたし》たちが彼《かれ》から学《まな》びたいのは、どのようにしたらお金《かね》がたまるのか、何《なに》に使《つか》ったら儲《もう》かるのか、ということではありません。

小遣《こづか》い帳《ちょう》を、毎日《まいにち》、つけることが、いかに大切《たいせつ》か、ということです。

彼《かれ》は、貧《まず》しい時代《じだい》から、小遣《こづか》い帳《ちょう》を、つけていました。何《なに》を買《か》ったのか。何《なに》を食《た》べたのか。全《すべ》て、きちんとつけていたのです。

小遣《こづか》い帳《ちょう》は、お金《かね》を節約《せつやく》し、計画的《けいかくてき》に使《つか》うことの大切《たいせつ》さを教《おし》えてくれるのです。

金庫室《きんこしつ》に保管《ほかん》された、一冊《いっさつ》の、赤《あか》いノート
アメリカの大富豪《だいふごう》・ロックフェラーが、生涯《しょうがい》を通《とお》して、最《もっと》も大切《たいせつ》にした宝物《たからもの》だったといわれています
果《は》たして何《なに》が記《しる》されているのでしょうか。巨万《きょまん》の財《ざい》を築《きず》いた秘密《ひみつ》が、このノートにあるに違《ちが》いありません

ロックフェラーは、貧《まず》しい家《いえ》に生《う》まれました
家族《かぞく》の生活《せいかつ》を支《ささ》えるため、十五歳《じゅうごさい》で高校《こうこう》を中退《ちゅうたい》し、小《ちい》さな会社《かいしゃ》で働《はたら》き始《はじ》めました

小遣《こづか》い帳《ちょう》として購入《こうにゅう》したのが、赤《あか》いノートでした
ところが、ある日《ひ》、会社《かいしゃ》のどこかで、落《お》としてしまったのです
何《なん》だ？これは……
拾《ひろ》った先輩《せんぱい》が、驚《おどろ》いて声《こえ》をあげました
おお、これはすごい。細《こま》かい数字《すうじ》がズラリと並《なら》んでいるぞ
なになに、パン二個《にこ》、ペン一本《いっぽん》、マッチ一個《いっこ》……。マッチ一個《いっこ》まで記入《きにゅう》するとは、恐《おそ》れ入《い》ったな

＊セント……一《いっ》セントは一《いち》ドルの百分《ひゃくぶん》の一《いち》。

なるほど、君《きみ》は節約《せつやく》を実行《じっこう》しているのか
ここに貯金三《ちょきんさん》ドルとあるね
しかし、一《いっ》カ月《げつ》に、たった三《さん》ドルじゃ、一年間蓄《いちねんかんたくわ》えても三十六《さんじゅうろく》ドルにしかならないぞ
いやはや驚《おどろ》いた貯蓄家《ちょちくか》だ
はっはっはっは
周囲《しゅうい》の者《もの》は笑《わら》い声《ごえ》をあげ、彼《かれ》の心《こころ》がけに感心《かんしん》する者《もの》は、一人《ひとり》もいませんでした
しかし、努力《どりょく》を続《つづ》けていけば、必《かなら》ず実《み》を結《むす》ぶ日《ひ》が来《く》るのです
ロックフェラーが、コツコツ貯《た》めたお金《かね》を元《もと》に、事業《じぎょう》を始《はじ》めたのは、それから数年後《すうねんご》のことでした

「塵《ちり》も積《つ》もれば山《やま》となる」という諺《ことわざ》があります。「たった一《いっ》セントぐらい何《なん》にもならない」と笑《わら》う者《もの》は、生涯《しょうがい》、貧《まず》しさから逃《のが》れられないのです
一《いっ》セントを大切《たいせつ》にしたロックフェラーは、億万長者《おくまんちょうじゃ》になりました
欲《ほ》しい物《もの》を、次々《つぎつぎ》に買《か》っていると、やがて、お金《かね》がなくなり、行《ゆ》き詰《づ》まってしまいます
今月《こんげつ》は、食費《しょくひ》に、あとどれだけ使《つか》えるかな
今《いま》、服《ふく》を買《か》う余裕《よゆう》はあるかな
毎日《まいにち》、何《なに》を買《か》ったか、いくらだったかをノートに記入《きにゅう》していくと、あとどれだけ使《つか》ってもいいのか、我慢《がまん》すべきなのかが、分《わ》かるようになるのです

ロックフェラーは、わずかなお金《かね》であっても無駄遣《むだづか》いしてはならないという心構《こころがま》えを忘《わす》れないために、生涯《しょうがい》、赤《あか》いノートを大切《たいせつ》にしていたのです
彼《かれ》は、貧《まず》しかった青年時代《せいねんじだい》を回想《かいそう》し、こう語《かた》っています
流行《りゅうこう》している服《ふく》を買《か》うことはできなかった。安《やす》い物《もの》しか買《か》えなかった。しかし、借金《しゃっきん》して高《たか》い服《ふく》を買《か》うよりはずっとましだと思《おも》っていた
彼《かれ》の人生《じんせい》を、貧乏《びんぼう》から億万長者《おくまんちょうじゃ》へ、ドラマチックに変《か》えた秘密《ひみつ》は、毎日《まいにち》、小遣《こづか》い帳《ちょう》をつけて、無駄遣《むだづか》いをせず、節約《せつやく》を心《こころ》がけていたことにあったのです

大《たい》切《せつ》な心《こころ》

小遣《こづか》い帳《ちょう》をつけて、お金《かね》の大切《たいせつ》さを身《み》につけよう

「一円《いちえん》を笑《わら》う者《もの》は、一円《いちえん》に泣《な》く」と昔《むかし》からいわれます。

「たった一円《いちえん》じゃないか」と、バカにしたり、粗末《そまつ》に扱《あつか》ったりする人《ひと》は、いつか、一円《いちえん》が足《た》りなくて泣《な》くほど苦《くる》しい目《め》に遭《あ》いますよ、と戒《いまし》めたものです。

この「一円《いちえん》」に当《あ》たるのが、アメリカの「一《いっ》セント」です。ロックフェラーは、たとえ一《いっ》セントでも無駄《むだ》にしてはならないと、小遣《こづか》い帳《ちょう》に、きちんと記録《きろく》していました。

このように、お金《かね》を大切《たいせつ》にする心構《こころがま》えがある人《ひと》に、お金《かね》が集《あつ》まるようになるのです。

「小遣《こづか》い帳《ちょう》」とも、「金銭出納帳《きんせんすいとうちょう》」ともいいますが、皆《みな》さんも、毎日《まいにち》、どれだけ使《つか》ったかを、きちんと記入《きにゅう》していきましょう。

ものしりアルバム

ジョン・ロックフェラー

スタンダードオイルの石油《せきゆ》精製所《せいせいじょ》

ロックフェラーは精油《せいゆ》事業《じぎょう》を立《た》ち上《あ》げ、やがて「スタンダードオイル」という巨大《きょだい》な石油《せきゆ》会社《がいしゃ》に成長《せいちょう》させ、巨万《きょまん》の富《とみ》を手《て》に入《い》れました。

（写真提供：アマナイメージズ）

第《だい》8話《わ》

手《て》抜《ぬ》きをすると、後《あと》で、ひどい目《め》に遭《あ》う

加《か》藤《とう》清《きよ》正《まさ》の石《いし》垣《がき》は、なぜ、崩《くず》れなかったのか

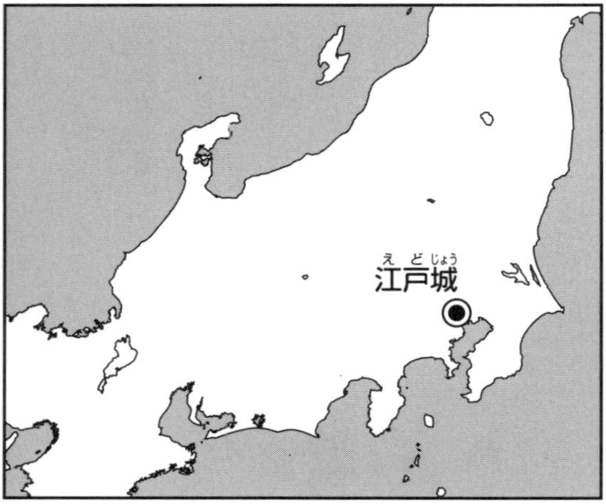

加藤清正《かとうきよまさ》
（1562年生-1611年没）

人物紹介《じんぶつしょうかい》

加藤 清正（かとう きよまさ）

加藤清正《かとうきよまさ》は、城造《しろづく》りの名人《めいじん》といわれた戦国武将《せんごくぶしょう》です。関ヶ原《せきがはら》の戦《たたか》いの後《あと》、肥後《ひご》（現在《げんざい》の熊本県《くまもとけん》）五十四万石《ごじゅうよんまんごく》の領主《りょうしゅ》となりました。清正《きよまさ》は、茶臼山《ちゃうすやま》という丘陵地《きゅうりょうち》に、雄大《ゆうだい》な熊本城《くまもとじょう》を築《きず》きました。

熊本城《くまもとじょう》の石垣《いしがき》には特徴《とくちょう》があります。下《した》から見《み》ると緩《ゆる》やかな曲線《きょくせん》を描《えが》くように積《つ》んであるので、登《のぼ》れそうに感《かん》じます。しかし実際《じっさい》には、上《うえ》に向《む》かうほど反《そ》り返《かえ》る角度《かくど》が急《きゅう》になっているので、忍者《にんじゃ》でさえも、ひっくり返《かえ》って落《お》ちてしまう、といわれています。

徳川家康《とくがわいえやす》は、日本《にほん》を支配《しはい》する幕府《ばくふ》の中心《ちゅうしん》を江戸《えど》（現在《げんざい》の東京都《とうきょうと》）に定《さだ》め、江戸城《えどじょう》を築《きず》く工事《こうじ》を始《はじ》めました。日《に》本最大《ほんさいだい》の面積《めんせき》を誇《ほこ》る城《しろ》でした。

江戸城《えどじょう》の工事《こうじ》には、熊本《くまもと》から加藤清正《かとうきよまさ》も参加《さんか》しています。この話《はなし》は、その時《とき》のエピソードです。

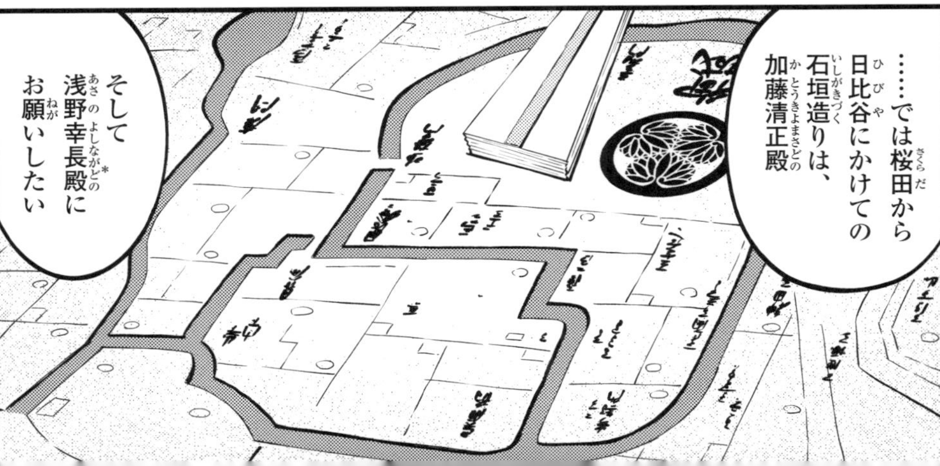

*浅野幸長《あさのよしなが》……一五七六年生～一六一三年没。この時《とき》、和歌山城主《わかやまじょうしゅ》だった。

ははっ！
やれやれ、たまったものではない……
浅野幸長《あさのよしなが》
幕府《ばくふ》からは、一切《いっさい》、もらえない。工事費用《こうじひよう》はすべて我々《われわれ》の自己負担《じこふたん》だからな……
工事《こうじ》が長引《ながび》くと、経費《けいひ》の負担《ふたん》が大《おお》きくなる……
割《わ》り当《あ》てられた部分《ぶぶん》を、いかに速《すみ》やかに終《お》えるかが大事《だいじ》じゃ
では、わが加藤家《かとうけ》は早速《さっそく》、現場《げんば》の下見《したみ》に参《まい》ります
おお、ご苦労《くろう》でござる……
加藤清正《かとうきよまさ》
ド ド ド ド

＊カヤ……カヤぶき屋根《やね》に用《もち》いる草《くさ》の総称《そうしょう》。

今度《こんど》は、子供《こども》を
大勢集《おおぜいあつ》めてきて、
思《おも》う存分遊《ぞんぶんあそ》ばせよ
はっ！
ワァァァァ
ほれ、
大人《おとな》も交《ま》じって、
朝《あさ》から夕暮《ゆうぐ》れまで
遊《あそ》ぶのじゃ！
ポ
ピ～ヒョロロ～
加藤家《かとうけ》の現場《げんば》では、
歌《うた》えや踊《おど》れの、大変《たいへん》な騒《さわ》ぎが、
何日《なんにち》も続《つづ》いたのです
一方《いっぽう》、隣《となり》の浅野家《あさのけ》は――

浅野家《あさのけ》では、沼《ぬま》へ土《つち》を運《はこ》んで埋《う》め立《た》てたら、すぐに石《いし》を積《つ》み始《はじ》めました
工事《こうじ》はとても順調《じゅんちょう》だ!
もう石垣《いしがき》は半分以上《はんぶんいじょう》でき上《あ》がったぞ
それに比《くら》べて、加藤家《かとうけ》の持《も》ち場《ば》は何《なん》じゃ
わははは
石垣《いしがき》の石《いし》さえ運《はこ》んでいないぞ
遊《あそ》んでばかりで、一体何《いったいなに》を考《かん》えておるのじゃ!
ワイ
ワイ
やる気《き》あるのか?

ふざけてないで、もっと真面目《まじめ》にやれ!!
ふむ……
皆《みな》に踏《ふ》み締《し》められて、じゅうぶんに地盤《じばん》は固《かた》くなったのう
これなら大丈夫《だいじょうぶ》じゃ
では、石垣《いしがき》を築《きず》くぞ!
当然《とうぜん》ながら、完成《かんせい》したのは、浅野家《あさのけ》よりもずっと後《あと》でした

間《ま》もなく、江戸《えど》を台風《たいふう》が襲《おそ》いました
ザァァァァ
たいへんな豪雨《ごうう》になり洪水《こうずい》が起《お》きるほどでした
ドォォォォ
うわぁ!!
浅野家《あさのけ》が築《きず》いた石垣《いしがき》は、この大雨《おおあめ》で地盤《じばん》が緩《ゆる》み、何《なん》カ所《しょ》も崩《くず》れ落《お》ちました
しかし、しっかり基礎《きそ》を固《かた》めてから築《きず》いた加藤家《かとうけ》の石垣《いしがき》には、崩《くず》れた所《ところ》はありませんでした

基礎《きそ》をおろそかにした
浅野家《あさのけ》は、修復工事《しゅうふくこうじ》に
莫大《ばくだい》な経費《けいひ》がかかって
しまったのです

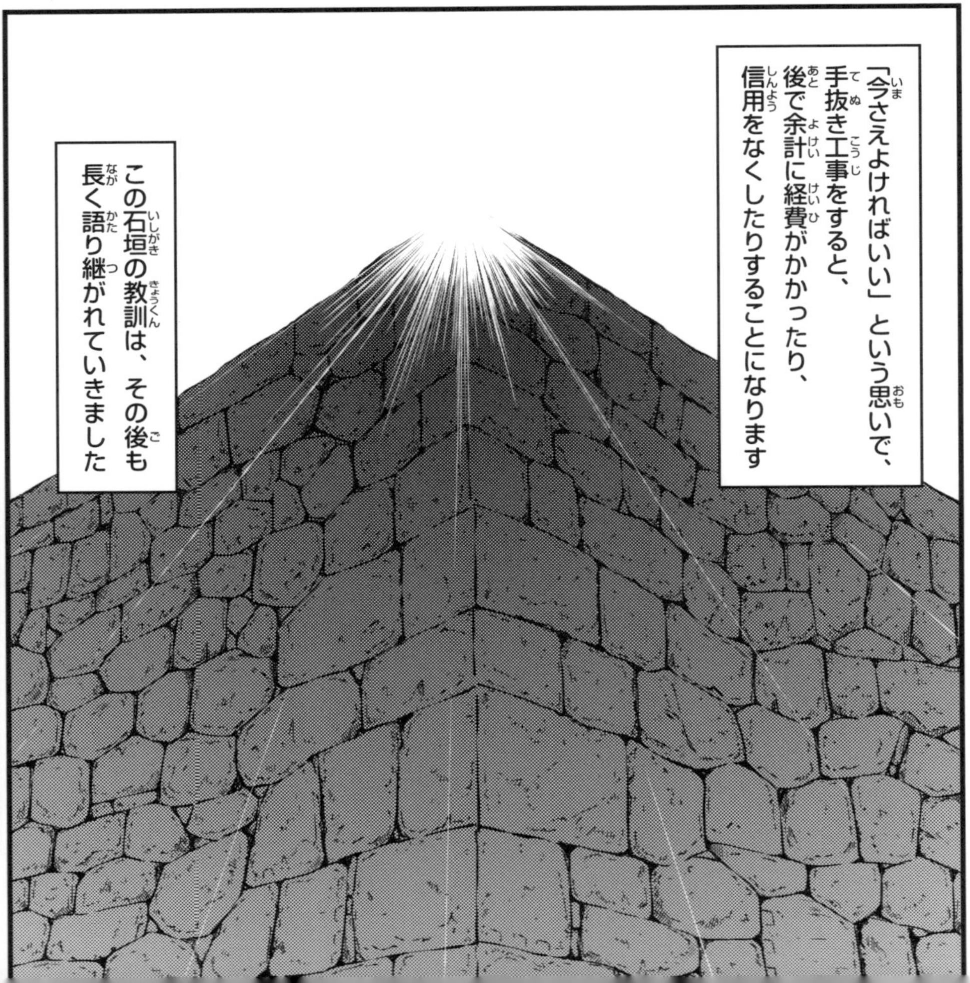
「今《いま》さえよければいい」という思《おも》いで、
手抜《てぬ》き工事《こうじ》をすると、
後《あと》で余計《よけい》に経費《けいひ》がかかったり、
信用《しんよう》をなくしたりすることになります
この石垣《いしがき》の教訓《きょうくん》は、その後《ご》も
長《なが》く語《かた》り継《つ》がれていきました

大《たい》切《せつ》な心《こころ》

手抜《てぬ》きをせずに、何事《なにごと》も、きちんと行《おこな》う

加藤清正《かとうきよまさ》と浅野幸長《あさのよしなが》、この二人《ふたり》の工事《こうじ》の進《すす》め方《かた》に、どんな違《ちが》いがあったのでしょうか。

加藤清正《かとうきよまさ》は、石垣《いしがき》の土台《どだい》となる基礎工事《きそこうじ》に重点《じゅうてん》を置《お》きました。たとえ工事期間《こうじきかん》が長《なが》くなったとしても、決《けっ》して省略《しょうりゃく》してはいけない作業《さぎょう》だったからです。

浅野幸長《あさのよしなが》は、なるべく工事期間《こうじきかん》を短《みじか》くしたいと思《おも》いました。そのほうが、工事費《こうじひ》が安《やす》くなるからです。目《め》に見《み》えない地下《ちか》の基礎工事《きそこうじ》を簡単《かんたん》に済《す》ませ、石《いし》を積《つ》み上《あ》げていきました。

完成《かんせい》した石垣《いしがき》は、どちらも外見上《がいけんじょう》は変《か》わりません。しかし台風《たいふう》に襲《おそ》われた時《とき》に、大《おお》きな違《ちが》いが出《で》てきました。

基礎工事《きそこうじ》を確実《かくじつ》に行《おこな》った加藤清正《かとうきよまさ》の石垣《いしがき》は、びくともしませんでした。

しかし、浅野幸長《あさのよしなが》の石垣《いしがき》は、何《なん》カ所《しょ》も崩《くず》れてしまったのです。結局《けっきょく》、石垣《いしがき》を、早《はや》く、安《やす》く仕上《しあ》げて喜《よろこ》んでいた浅野幸長《あさのよしなが》は、修復工事《しゅうふくこうじ》に莫大《ばくだい》な経費《けいひ》を出《だ》さなければならなくなったのです。

やるべきことを省略《しょうりゃく》したり、いいかげんに済《す》ませたりすることを「手抜《てぬ》き」といいます。

何《なに》をやる時《とき》でも、「時間《じかん》がないから」「経費《けいひ》を安《やす》くしたいから」といって、手抜《てぬ》きをすると、後《あと》で余計《よけい》にひどい目《め》に遭《あ》うのです。何事《なにごと》も、手抜《てぬ》きをせずに、きちんと行《おこな》うようにしましょう。

ものしりアルバム

加藤清正《かとうきよまさ》

熊本城《くまもとじょう》

豊臣秀吉《とよとみひでよし》にかわいがられた加藤清正《かとうきよまさ》は築城《ちくじょう》の名手《めいしゅ》だったといわれています。彼《かれ》が築《きず》いた熊本城《くまもとじょう》は難攻不落《なんこうふらく》の名城《めいじょう》として有名《ゆうめい》で、特《とく》に石垣《いしがき》は「扇《おうぎ》の勾配《こうばい》」と呼《よ》ばれる曲線《きょくせん》を描《えが》き、守《まも》りやすく攻《せ》めにくいものでした。

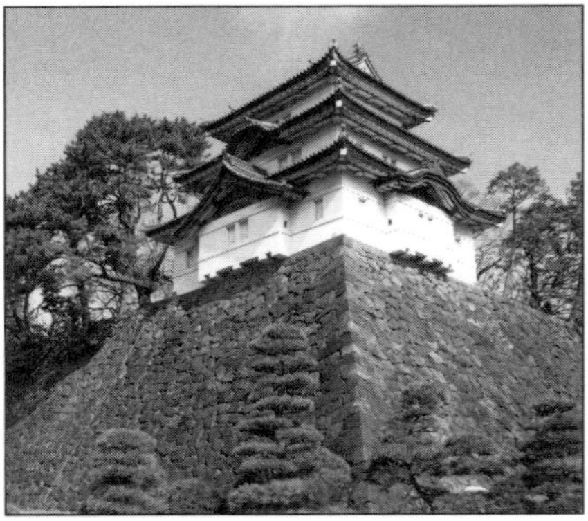

江戸城《えどじょう》（富士見櫓《ふじみやぐら》）

加藤清正《かとうきよまさ》は熊本城《くまもとじょう》だけではなく、江戸城《えどじょう》や名古屋城《なごやじょう》の築城《ちくじょう》にも参《さん》加《か》しました。江戸城《えどじょう》・富士見櫓《ふじみやぐら》付近《ふきん》の石垣《いしがき》は清正《きよまさ》によるものといわれています。

第《だい》9話《わ》

人《ひと》をバカにすると、いつか自《じ》分《ぶん》が苦《くる》しむことになる

たった一《いっ》杯《ぱい》のスープで国《くに》を滅《ほろ》ぼした中《ちゅう》山《ざん》王《おう》

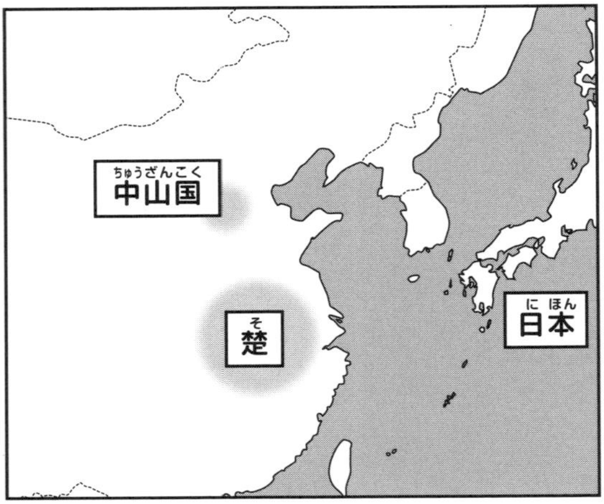

中山王《ちゅうざんおう》

人物紹介《じんぶつしょうかい》

中山王（ちゅうざんおう）

今《いま》から二千三百年《にせんさんびゃくねん》ほど前《まえ》の中国《ちゅうごく》は、いくつもの国《くに》に分《わ》かれていました。その中《なか》の一《ひと》つが「中山国《ちゅうざんこく》」です。

中山国《ちゅうざんこく》の王《おう》は、どんな人物《じんぶつ》だったのか、詳《くわ》しいことは分《わ》かりません。しかし、取《と》り返《かえ》しのつかない大失敗《だいしっぱい》をしたと、中国《ちゅうごく》の歴史書《れきししょ》に記《しる》されています。それは、お客《きゃく》さんへ出《だ》すスープが一杯《いっぱい》、足《た》りなかったために、国《くに》を滅《ほろ》ぼしたという、信《しん》じられないような出来事《できごと》でした。

「たった一杯《いっぱい》のスープで、なぜ？」と疑問《ぎもん》に思《おも》うかもしれません。歴史書《れきししょ》には、

「ほんのちょっとのことで、恨《うら》まれることがある。それは、相手《あいて》の心《こころ》を傷《きず》つけたからである。決《けっ》して、人《ひと》の心《こころ》を傷《きず》つけるような言動《げんどう》をとってはならない」

と戒《いまし》められています。

さて、どんな事件《じけん》があったのでしょうか。

昔《むかし》、中国《ちゅうごく》に、「中山《ちゅうざん》＊」という小《ちい》さな国《くに》がありました
ある日《ひ》、王様《おうさま》が、国内《こくない》の有名人《ゆうめいじん》を城《しろ》に招《まね》いて宴会《えんかい》を開《ひら》きました
王様《おうさま》の招待《しょうたい》ですから、豪華《ごうか》な料理《りょうり》が、次々《つぎつぎ》と運《はこ》ばれてきます

二千三百年ほど前、現在の河北省（中国の北東部）にあった。

ところが、羊《ひつじ》のスープが配《くば》られた時《とき》
何《なに》かの手《て》違《ちが》いで、一人分《ひとりぶん》足《た》りなくなったのです
あら？
司馬子期《しばしき》という男《おとこ》の前《まえ》にだけ、届《とど》きませんでした
おや？一《ひと》つ足《た》りぬのか……
ふふ、たかがスープ一杯《いっぱい》じゃないか
彼《かれ》の分《ぶん》ならば、まあ、いいだろう
おはは
中山王《ちゅうざんおう》

招待《しょうたい》した側《がわ》のミスですから、王様《おうさま》は司馬子期《しばしき》に、謝《あやま》るべきでした。しかし、一言《ひとこと》のお詫《わ》びもせず、無視《むし》したのです
ぐぬぬ
司馬子期《しばしき》は怒《おこ》りました
ぶ、侮辱《ぶじょく》された！
相手《あいて》のプライドを傷《きず》つけると、深《ふか》い恨《うら》みを買《か》うことになります
司馬子期《しばしき》は、何《なん》としても仕返《しかえ》しをしてやろうと、大国《たいこく》・楚《そ》＊へ走《はし》りました

＊楚《そ》……現在《げんざい》の湖北省《こほくしょう》（中国《ちゅうごく》の中部《ちゅうぶ》）を中心《ちゅうしん》に、中国《ちゅうごく》の南方《なんぽう》を広《ひろ》く支配《しはい》した。

楚王《そおう》に申《もう》し上《あ》げます！
中山国《ちゅうざんこく》を攻《せ》めるならば、今《いま》が好機《こうき》ですぞ！
ドドド
怒《いか》りに燃《も》える司馬子期《しばしき》は、楚王《そおう》をけしかけて中山国《ちゅうざんこく》を攻撃《こうげき》させたのです
ゴォォォォ
何《なん》ということだ……
城《しろ》も焼《や》かれ、家臣《かしん》も皆《みな》、逃《に》げてしまった

わしの命《いのち》も
これまでか……
中山王《ちゅうざんおう》だぞ！
捕《と》らえよ！
くっ！
ぐわっ！
王《おう》よ、あちらへ！
もうダメか、と思《おも》った時《とき》、突然《とつぜん》、見知《みし》らぬ二人《ふたり》の男《おとこ》が現《あらわ》れ、中山王《ちゅうざんおう》を守《まも》ってくれたのです

ゴオォォォ
ハアハア
そなたたちは、いったい何者《なにもの》か
ザザ
王《おう》は、父《ちち》の恩人《おんじん》です
王《おう》は、食《た》べ物《もの》がなく苦《くる》しんでいた父《ちち》を見《み》て、壺《つぼ》に食物《しょくもつ》を入《い》れて与《あた》えてくださったことがあります
そのおかげで、父《ちち》は餓死《がし》せずに済《す》んだのです
父《ちち》は死《し》ぬ間際《まぎわ》に言《い》い残《のこ》しました
もし、戦争《せんそう》が起《お》きたならば、私《わたし》の代《か》わりに、王様《おうさま》のご恩《おん》に報《むく》いてほしい

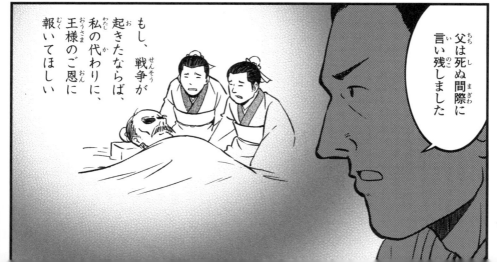

それゆえ、本日《ほんじつ》、決死《けっし》の覚悟《かくご》ではせ参《さん》じたのです
ああ……
中山王《ちゅうざんおう》は、ため息《いき》を漏《も》らし、天《てん》を仰《あお》いで叫《さけ》びました
私《わたし》は、たった一杯《いっぱい》のスープのせいで国《くに》を滅《ほろ》ぼしてしまった……
どんな小《ちい》さなことであっても、相手《あいて》の心《こころ》を傷《きず》つけると、深《ふか》い恨《うら》みを買《か》うものだ

私《わたし》は、小《ちい》さな壺《つぼ》に入《はい》るくらいな食《た》べ物《もの》を施《ほどこ》したおかげで、二人《ふたり》の勇士《ゆうし》を得《え》た
人《ひと》に親切《しんせつ》をすると、命《いのち》が救《すく》われるほどの、よい結果《けっか》が現《あらわ》れるのか……

自分《じぶん》のやったことの結果《けっか》は、全部《ぜんぶ》、自分《じぶん》に返《かえ》ってきます
よい行《おこな》いをすれば、必《かなら》ず、よい結果《けっか》が現《あらわ》れます。悪《わる》い行《おこな》いをすれば、必《かなら》ず、悪《わる》い結果《けっか》が現《あらわ》れます。これは、常《つね》に忘《わす》れてはいけない大切《たいせつ》な心《こころ》がけなのです

原作

新装版『こころの道』

新装版『こころの朝』

新装版『思いやりのこころ』

『人生の先達に学ぶ
まっすぐな生き方』

この歴史マンガは、木村耕一編著の、上記の書籍に掲載されているエピソードを原作として描いたものです。

〈参考文献〉

【1】坂本竜馬

木村幸比古・木村武仁『もっと知りたい坂本龍馬』日本実業出版社、2003年

司馬遼太郎『竜馬がゆく』文春文庫、1998年

宮地佐一郎『龍馬の手紙』講談社、2003年

【2】エルトゥールル号

ウムット・アルク（著）村松増美・松谷浩尚（訳）『トルコと日本』サイマル出版会、1989年

木暮正夫『救出 日本・トルコ友情のドラマ』アリス館、2003年

森修（編著）『トルコ軍艦エルトゥールル号の遭難』日本トルコ協会、1990年

【3】武田信玄

井出英作（編）『海尻城沿革考』1934年

岡谷繁実『名将言行録』岩波文庫、1943年

【4】服部金太郎

服部金太郎「正直の二字が発展の機会を作った余の実験」（『実業之日本』大正2年10月10日号）、実業之日本社、1913年

平野光雄『時計王 服部金太郎』（一業一人伝）、時事通信社、1972年

【5】デットマール・クラマー

加部究『大和魂のモダンサッカー』双葉社、2008年

中条一雄『デットマール・クラマー 日本サッカー改革論』ベースボール・マガジン社、2008年

日本蹴球協会（編）『日本サッカーのあゆみ』講談社、1974年

【6】堀秀政

岡谷繁実『名将言行録』岩波文庫、1943年

佐伯有義・植木直一郎・井野辺茂雄『武士道全書 別巻』国書刊行会、1998年

【7】ジョン・ロックフェラー

ロン・チャーナウ（著）井上廣美（訳）『タイタン』日経BP社、2000年

『古今逸話特選集』（修養全集8・復刻版）、講談社、1976年

【8】加藤清正

池波正太郎「火の国の城」（『完本池波正太郎大成』9）、講談社、1999年

中野嘉太郎（著）松本雅明（監修・解題）『加藤清正傳』青潮社、1979年

三浦正幸『城のつくり方図典』小学館、2005年

吉成勇（編）『将軍の城「江戸城」のすべて』新人物往来社、1997年

【9】中山王

福田襄之介・森熊男『戦国策』下（新釈漢文大系49）、明治書院、1988年

まんが：太田 寿（おおた ひさし）

昭和45年、島根県生まれ。
名古屋大学理学部分子生物学科卒業。
代々木アニメーション学院卒業。映像制作の仕事を経て、
現在イラスト・マンガを手がける。
日本の戦国時代を中心とした歴史の話題を好み、
城跡を愛する二児の父親。
月刊誌などに連載マンガ多数。
歴史マンガは、英語、ポルトガル語にも翻訳されている。

原作・監修：木村 耕一（きむら こういち）

昭和34年、富山県生まれ。
富山大学人文学部中退。
東京都在住。エッセイスト。
著書　新装版『親のこころ』、『親のこころ２』、『親のこころ３』
　　　新装版『こころの道』、新装版『こころの朝』
　　　新装版『思いやりのこころ』
　　　『人生の先達に学ぶ　まっすぐな生き方』

マンガ　歴史人物に学ぶ
大人になるまでに身につけたい大切な心４

平成28年(2016) 11月28日　第１刷発行

まんが　太田 寿
原作・監修　木村 耕一
発行所　株式会社 １万年堂出版
〒101-0052　東京都千代田区神田小川町2-4-20-5F
電話　03-3518-2126　FAX　03-3518-2127
http://www.10000nen.com/
公式メールマガジン「大切な忘れ物を届けに来ました★１万年堂通信」
上記URLから登録受付中
装幀・デザイン　遠藤 和美
印刷所　凸版印刷株式会社

 ISBN978-4-86626-018-1　C8037

歴史《れきし》人物《じんぶつ》に学《まな》ぶ大切《たいせつ》な心《こころ》④

6

堀秀政《ほりひでまさ》

注意《ちゅうい》されたら、怒《おこ》らずに、自分《じぶん》を見《み》つめよう

7

ロックフェラー

小遣《こづか》い帳《ちょう》をつけて、お金《かね》の大切《たいせつ》さを身《み》につけよう